AF320028

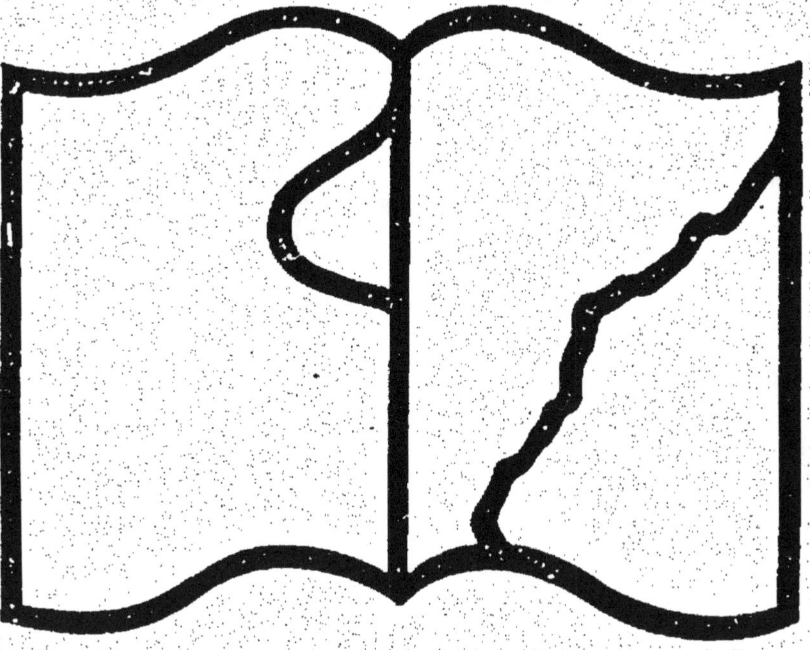

Texte détérioré — reliure défectueuse
NF Z 43-120-11

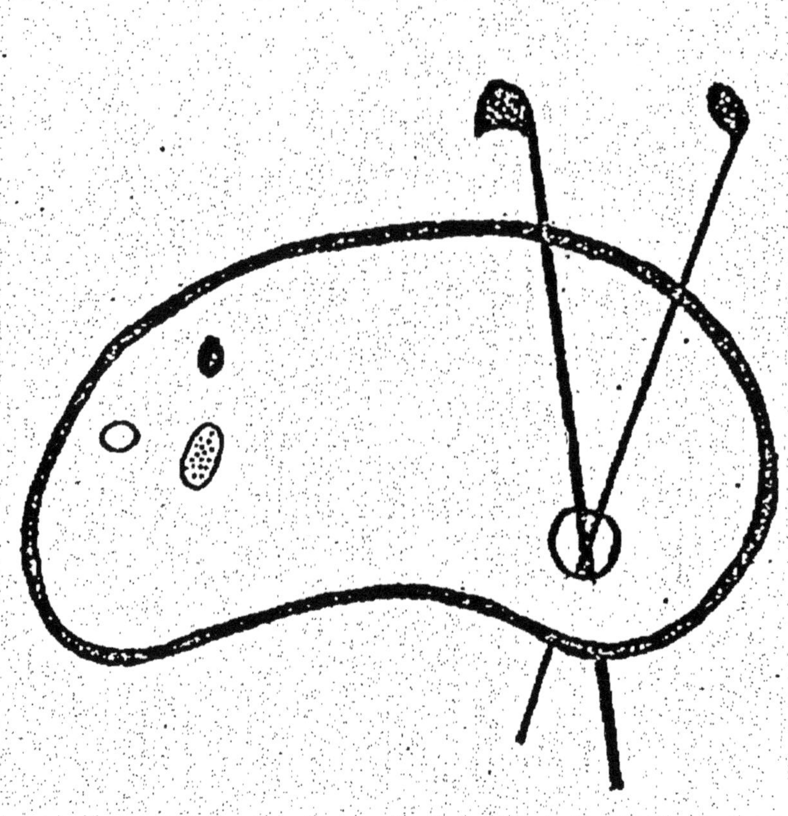

DEBUT D'UNE SERIE DE DOCUMENTS
EN COULEUR

MANUEL

DU

MUTUALISTE

Suivi de la Loi du 1ᵉʳ Avril 1898

PAR

Gabriel LAFON

PRÉSIDENT DE LA SOCIÉTÉ DE SECOURS MUTUELS DE TERRASSON

Avec LETTRE-PRÉFACE

DE

M. le Docteur GYOUX

Membre du « Conseil Supérieur de la Mutualité »

Un pour tous !
Tous pour un !

PRIX : **1** FR.

SARLAT

MICHELET, IMPRIMEUR, RUE DE LA CHARITÉ

1902

Publications du même Auteur.

——◆——

Un Coin du Périgord-Noir (1881)............ Épuisé.

Consécration de l'Eglise Saint-Sour de Terrasson (1889)................................... o fr. 50.

Une Nuit sur le Vignemale, souvenir de Cauterets (1889)................................ Épuisé.

Les Derniers Tâtonnements, suivis de **La Femme du Diable**, par Lafon-Labatut, Lauréat de l'Institut, (Œuvre posthume publiée par M. G. Lafon, précédée d'une lettre de Victor Hugo, d'une préface par Jules Claretie, d'une biographie par Gabriel Lafon, avec portrait et lithographie (1890).. 3 fr. 50.

Sommet du Puy-de-Dôme, souvenir d'Auvergne (1891)................................... Épuisé.

Le Docteur Jean Rey, du Bugue, et sa découverte de la pesanteur de l'air, avec reproduction phototypique de la maison et de l'autographe de Jean Rey (1896)........... 1 fr. 50.

Découverte des Terres kaoliniques de Tayac-les-Eyzies (1896)............................ o fr. 50.

Terrasson (autrefois, mosaïque gallo-romaine, aujourd'hui), avec une lettre-préface de M. de Fayolle, Conservateur du Musée de Périgueux, couverture coloriée, avec une photogravure de la Fontaine du Miracle (1897). 1 fr. 50.

L'Abbé Pergot, curé-doyen de Terrasson : sa vie, ses œuvres, avec portrait, préface par M. Ph. de Bosredon (1898)................... o fr. 50.

Margontier de Terrasson : sa vie, ses œuvres, avec portrait et illustrations (1902)........... 2 fr.

——◆◆◆——

EN PRÉPARATION :

Histoire du Conventionnel Bouquier, de Terrasson, avec portrait.

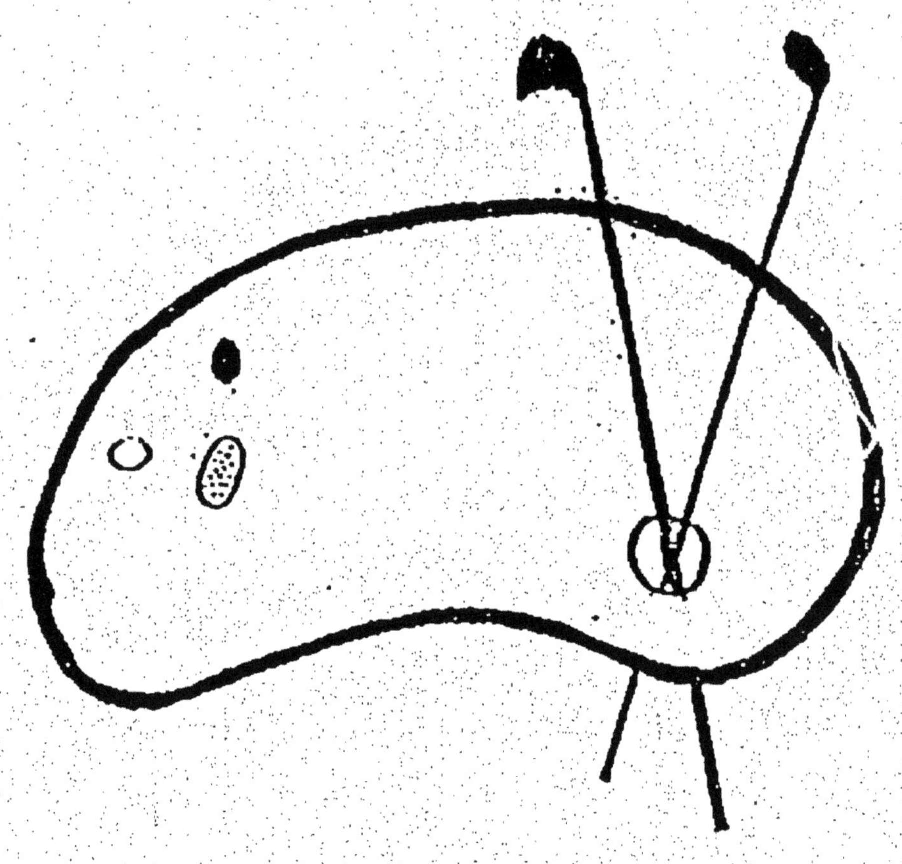
FIN D'UNE SERIE DE DOCUMENTS
EN COULEUR

MANUEL DU MUTUALISTE

MANUEL

DU

MUTUALISTE

Suivi de la Loi du 1ᵉʳ Avril 1898

PAR

Gabriel LAFON

PRÉSIDENT DE LA SOCIÉTÉ DE SECOURS MUTUELS DE TERRASSON

———⋆———

Un pour tous!
Tous pour un!

———⋊•⋉———

PRIX : **1** FR.

———

SARLAT

MICHELET, IMPRIMEUR, RUE DE LA CHARITÉ

1902

LETTRE-PRÉFACE

DE

M. le Docteur GYOUX

Membre du Conseil Supérieur de la Mutualité

MON CHER COLLÈGUE,

Vous voulez bien me communiquer l'épreuve de votre Manuel Mutualiste en me demandant ce que j'en pense.

Je vous avoue, bien sincèrement, que cette publication me paraît excellente et que vous allez faire là une œuvre fort utile à la Mutualité.

Depuis quelque temps, depuis surtout la promulgation de la loi du 1ᵉʳ avril 1898, on a pas mal écrit sur les questions de prévoyance, et les Congrès se sont multipliés dans la même proportion : il y a eu Congrès à Reims en 1898, à Paris en 1900, à Paris, également la même année, pour la question des retraites, à Limoges en 1901, et bien d'autres qui n'ont été que régionaux et que je passe sous silence.

Un défaut de ces Congrès, c'est de rouler à chaque session le rocher de Sisyphe, car des questions, plusieurs fois résolues, reviennent sur l'eau, parce qu'elles sont ignorées de ceux qui assistent au nouveau Congrès, alors que ceux qui composaient le précédent en avaient été ressassés, ce qui démontre de quelle utilité seraient les Unions départementales ou d'arrondissement, qui sont ou doivent être l'enseignement secondaire de la Mutualité, les Fédérations et les Congrès devant en être l'enseignement supérieur : il est évident que c'est à la Société communale, cellule initiale, suivant l'heureuse expression de M. Léopold Mabilleau, que se fait l'instruction primaire.

Au milieu de tout cela, vous avez su trouver place et vous rendre utile en résumant en quelques pages, bien agencées et surtout bien écrites, les droits et les devoirs de chacun et en mettant à même chaque groupe mutualiste, quel qu'en soit le degré, de savoir comment s'y prendre pour arriver à tel ou tel but; votre Manuel est ainsi rendu utile pour que chaque administrateur sache ce qu'il a à faire à un moment donné.

Au sujet des subventions accordées par l'État aux Sociétés approuvées faisant la retraite et s'occupant aussi de la maladie, vous vous êtes plu à citer des exemples topiques qui ne peuvent laisser de doutes dans l'esprit de personne.

Comme on voit bien que votre livre est surtout destiné aux Mutualités rurales, les plus nombreuses et les plus intéressantes en raison de leur isolement.

Aujourd'hui que le vent tourne, ainsi que vous le dites, aux Fédérations régionales, dont l'organisation sera le but de la loi organique prochaine, vous glissez assez rapidement sur cette question qui est surtout pour l'avenir; mais vous insistez sur la bonne organisation de la simple Société et surtout de la Société approuvée, la seule, en effet, qui soit réalisable dans les milieux agricoles, alors que les grands centres peuvent grouper des Sociétaires par milliers et se suffire parfaitement pour tous les besoins de la prévoyance.

Malgré l'intérêt de votre entreprise, il ne faudrait pas être surpris que le succès n'en fût pas immédiat : l'enthousiasme ne crée rien de durable, et, selon le vers du poète :

Le temps n'épargne pas ce qu'on a fait sans lui.

Voyez l'œuvre de mon illustre ami M. Caré : douze ans après la création de sa première Société, au XIXe arrondissement de Paris, il en comptait trois en tout, une dans le VIIIe arrondissement et l'autre dans le XVIe. Aujourd'hui, elles sont plusieurs milliers, et leurs fondations sont assises sur du granit, c'est-à-dire parfaitement solides.

Permettez-moi, cependant, de souhaiter que votre succès soit plus prompt; il ne dépendra pas de moi

qu'il en soit ainsi, et espérons qu'une prochaine
édition complètera ce qui n'est aujourd'hui qu'une
simple brochure pour devenir un Livre de la Mutualité. Vous méritez bien cette récompense, vous,
infatigable collègue, qui, après vos occupations
professionnelles remplies, consacrez tous vos instants
libres au culte de la Mutualité.

Bien tout à vous.

Ph. GYOUX,

Membre du Conseil Supérieur de la Mutualité,

Président du Syndicat Girondin des Institutions de Prévoyance,

Chevalier de la Légion d'Honneur.

Bordeaux, le 7 Juillet 1902.

AU LECTEUR.

—

La Mutualité est à l'ordre du jour, et le vigoureux essor que lui a permis de prendre la loi de 1898 est loin d'avoir encore atteint tous les résultats que l'on est en droit d'espérer d'elle.

Nos chefs d'Etat, nos philanthropes voient en elle un admirable instrument de paix et de concorde sociales et font appel à l'initiative privée, sans laquelle leurs efforts seraient stériles, pour provoquer l'éclosion de nouveaux groupes mutualistes et développer ceux déjà existants.

Nous avons pensé qu'un petit *Manuel,* renfermant, en peu de mots, les prescriptions essentielles qui régissent la matière, mais qui sont disséminées dans un grand nombre de lois, décrets, arrêtés, circulaires, etc., serait de quelque utilité pour les Mutualistes. Estimant que la prospérité d'une Société dépend surtout de la bonne gestion de ses finances, nous avons particulièrement insisté sur les placements des fonds sociaux et les pensions de retraites.

Nous faisons suivre ce *Manuel* du texte de la loi du 1er avril 1898, auquel le lecteur devra se reporter pour les questions accessoires que nous n'avons pas eu à traiter, car elles ne comportent pas de commentaires, mais qu'il est cependant indispensable de connaître.

Nous dédions ce petit livre de propagande mutualiste à tous les hommes de cœur qui savent allier l'amour du prochain à l'amour de la Patrie.

G. L...

MANUEL DU MUTUALISTE

CHAPITRE Ier

Origine de la Mutualité et des Sociétés de Secours mutuels. Leur développement. Leur législation. Fondation d'une Société de Secours mutuels. Diverses catégories de Sociétés.

L'égoïsme est un des premiers sentiments qui se manifestent chez l'homme. Il se développe en même temps que ce dernier dans sa lutte pour la vie et atteint un degré d'acuité plus ou moins grand, suivant le milieu où l'homme se trouve placé et selon certaines influences ataviques. Sous l'impulsion des progrès, il s'émousse cependant pour donner place aux sentiments affectifs, base de toute sociabilité.

Nous ne saurions trop flétrir ceux qui, heureusement bien rares de nos jours, se renferment dans un égoïsme irréductible, ces modernes barbares, que l'on désigne sous cette dénomination non moins barbare et qui n'a rien de français, de *struggleforlifers*.

De cette alliance entre l'égoïsme et l'altruisme, pour me servir de l'expression scientifique, est née la Mutualité.

On peut donc définir cette dernière une association dans laquelle chaque membre, moyennant un versement modique, s'assure ou assure à ses collègues des avantages relativement considérables.

Dans l'évolution intellectuelle de l'humanité, la Mutualité, basée sur l'amour de soi et sur l'amour des autres, devait nécessairement recevoir un essor salutaire, qui est loin encore d'avoir produit tous ses bienfaisants résultats.

On conçoit que les Sociétés de secours mutuels ne sont pas l'œuvre d'un homme, mais un des plus beaux produits du travail lent et sûr des civilisations.

Quelques auteurs font remonter l'histoire des Sociétés de secours mutuels jusqu'au temps de Salomon, en Judée.

En ce qui concerne notre pays, l'histoire nous signale, vers le neuvième siècle, des associations, les Ghildes, dont les membres versaient une cotisation et s'engageaient à se soutenir les uns les autres, Sociétés mutualistes, à l'état embryonnaire, et que les gouvernants, loin d'encourager, opprimaient impitoyablement.

Plus tard, ce furent les corporations, les confréries, le compagnonnage qui prit une grande extension au douzième siècle.

Le régime corporatif ayant donné lieu à des abus, à des privilèges, fut emporté tout entier par la grande Révolution. Cette dernière abolit toutes les corporations et confréries, ce qui était excessif ; de sorte que si l'ouvrier fut affranchi des monopoles du système corporatif, il fut en même temps privé des avantages que ce système lui assurait en cas de maladie et de chômage.

La crainte du retour des anciens abus compromit fortement le principe d'association et, conséquemment, les Sociétés de secours mutuels.

En 1848, la liberté de réunion et d'association étant proclamée, les Sociétés mutualistes reprennent un nouvel essor. Le besoin d'une sage prévoyance devient plus impérieux, et nous assistons dès lors à l'éclosion de Sociétés mutualistes, chaque jour plus nombreuses, grâce encore aux protections et aux encouragements qu'elles reçoivent de nos chefs d'Etat, de généreux et puissants philanthropes.

Grâce à cette marche ascensionnelle et progressive, nos Sociétés de secours mutuels françaises ont atteint aujourd'hui le nombre de quinze mille, de richesse et de puissance différentes, comptant trois millions de participants, deux cent mille membres honoraires, plus de trois cents millions de francs, versant des pensions de retraites à plus de soixante mille vieillards.

Les lois et décrets concernant les Sociétés de Secours mutuels sont : la loi du 5 juin 1835, le décret du 28 juillet 1848, la loi du 13 juin 1850, le décret loi-organique du 26 mars 1852 (qui fut voté après enquêtes et études approfondies et dota les Sociétés de droits importants), le décret du 16 avril 1856, le décret du 17 mars 1858, le décret du 11 juillet 1868, enfin la loi du 1er avril 1898.

Cette dernière est une véritable charte de la Mutualité.

En abrogeant certaines clauses restrictives et mal définies de la législation antérieure et les remplaçant par des dispositions nouvelles, elle a considérablement étendu la liberté de fonctionnement et le champ d'action des Sociétés de secours mutuels.

Chaque Société mutualiste a dû mettre ses statuts en harmonie avec les dispositions de cette nouvelle loi.

Dans son article 1er, cette loi définit ainsi nos Sociétés : « Les Sociétés de secours mutuels sont des associations de prévoyance qui se proposent d'atteindre un ou plusieurs des buts suivants : assurer à leurs participants et à leurs familles des secours en cas de maladie, blessures ou infirmités, leur constituer des pensions de retraites, contracter à leur profit des assurances individuelles ou collectives en cas de vie, de décès et d'accidents, pourvoir aux frais des funérailles et allouer des secours aux ascendants, aux veufs ou orphelins des membres participants décédés. »

Autrefois, les Sociétés de secours mutuels ne pouvaient être fondées que par M. le Maire ou par M. le Curé. Le nombre de leurs membres était limité. Elles ne pouvaient s'étendre en dehors de la commune. Les secours aux membres participants devaient être supprimés dans un délai déterminé. Les femmes et les enfants ne pouvaient pas en faire partie. Les Sociétés ne pouvaient s'occuper d'assurances à longs termes. Enfin, jusqu'en 1870, le président était choisi par le Chef de l'Etat.

Aucune autorisation préalable n'est aujourd'hui nécessaire pour la fondation d'une Société de secours mutuels. Les fondateurs doivent soigneusement élaborer leurs statuts. Sur leur demande, l'Administration leur fournira des statuts types ou statuts modèles rédigés par la *Ligue nationale de Prévoyance et de Mutualité,* et dans lesquels ils trouveront les articles dont ils désireront l'application, en s'inspirant de ce principe fondamental que les mêmes cotisations doivent offrir à tous les associés, indistinctement, les mêmes avantages.

Deux exemplaires des statuts doivent être déposés, contre récépissé, à la préfecture du département où la Société a son siège. Ce dépôt doit être accompagné également en double exemplaire de la liste des personnes qui doivent se charger provisoirement de l'administration de la Société naissante et qui doivent être des Français majeurs et non déchus de leurs droits civils et civiques.

Un mois après ce dépôt, la Société peut fonctionner, à moins que M. le Préfet signale quelque article défectueux, qu'il y aura lieu de corriger et d'en faire un nouveau dépôt.

Ces statuts, une fois adoptés sans objection, ne peuvent plus être modifiés qu'en assemblée générale, à la majorité des voix. Les statuts rectifiés devront faire l'objet d'un nouveau dépôt.

Les sociétaires devront s'occuper de recruter non seulement des membres participants, mais aussi le plus grand nombre possible de membres honoraires versant une cotisation annuelle de six ou dix francs. On a prétendu que l'admission des membres honoraires était un tort, comme donnant un caractère charitable à une institution dont le caractère essentiel est précisément l'exclusion de la charité. Nous ne partageons pas cet avis. Les Sociétés musicales, de gymnastique, de vélocipédie, etc., trouvent dans les membres honoraires leur meilleur soutien. Pourquoi priverait-on de cette force pécuniaire et morale les Sociétés mutualistes? Comme le disait M. Mabilleau, directeur du *Musée Social,* professeur au Collège de France, « les membres honoraires versent une cotisation annuelle. En réalité, ils ne donnent pas. En se dévouant à l'œuvre de la Mutualité, ils font un acte généreux. C'est la tradition de libéralité qui est la marque de notre France. La Mutualité, par sa composition, est une élite. Il y a des membres de tous les métiers et des petits patrons, tous travailleurs, des ouvriers de la besogne nationale, les abeilles de la rûche française. »

Les Sociétés de secours mutuels se divisent en trois catégories :

1° Les Sociétés libres ;
2° Les Sociétés approuvées ;
3° Les Sociétés reconnues comme Etablissement d'utilité publique.

Cette division en trois catégories existait dans l'ancienne législation. La seule modification apportée par la loi de 1898 consiste dans un changement de dénomination.

Les Sociétés dites autorisées, et qui étaient soumises aux dispositions des articles 291 et 294 du Code pénal, deviennent désormais des Sociétés libres, en ce sens qu'elles se constituent sans autorisation administrative. Les deux autres catégories conservent leur même caractère.

La loi du 1er avril 1898, à laquelle nous renvoyons le lecteur, énumère les prérogatives dont jouissent chacune des catégories des Sociétés ci-dessus. On voit tout de suite combien sont importants les droits et garanties dont jouissent les Sociétés approuvées

Indépendamment des droits accordés aux Sociétés

libres, les Sociétés approuvées peuvent recevoir des dons et des legs immobiliers, sous réserve de l'autorisation du Conseil d'Etat. Elles peuvent, mais sous réserve de pareille autorisation, acheter les immeubles nécessaires à leur service administratif ou d'hospitalisation. Disons, cependant, qu'elles ne peuvent posséder et acquérir des immeubles que jusqu'à concurrence des trois quarts de leur avoir.

Les communes, et en cas d'insuffisance de ressources de ces dernières, les départements, doivent fournir aux Sociétés approuvées les locaux nécessaires à leurs réunions, chauffés en hiver, éclairés le soir et nantis du matériel voulu, ainsi que les livrets et registres utiles à l'administration et à la comptabilité, tels qu'un registre matricule, un journal pour le trésorier, un registre pour procès-verbaux, des livrets à usage des sociétaires pour inscrire leurs versements, et sans qu'il soit besoin d'y insérer le texte des statuts, un livret ou des feuillets de visite.

Les communes ont, du reste, tout intérêt à favoriser les Sociétés mutualistes, dont le développement seul peut arrêter la progression des charges budgétaires de l'Assistance.

Plusieurs départements et communes, se rendant compte des bienfaits que répandent les Sociétés de secours mutuels, ont voulu, eux aussi, contribuer à leur extension. Chaque année, dans la mesure de leurs ressources, les Conseils généraux et les Conseils municipaux votent des subventions de plus en plus importantes (1).

Les articles 19 et 20 de la loi de 1898 énumèrent les immunités fiscales dont jouissent les Sociétés approuvées et les dispositions concernant les placements de leurs fonds à un taux privilégié, dont nous parlerons plus loin.

Le titre IV de la loi de 1898 s'occupe des Sociétés reconnues d'utilité publique. La reconnaissance est prononcée par décret rendu en Conseil d'Etat, dans la forme des règlements d'administration publique. La demande est envoyée au Préfet du département où est établi le siège social. A cette demande, doit être jointe la liste nominative des personnes qui ont adhéré à la Société, c'est-à-dire des administrateurs, trois exemplaires des statuts et du règlement intérieur. Le Préfet fait parvenir les statuts au ministère de l'intérieur ; ils sont examinés par le Conseil d'Etat et approuvés par le Ministre. Ces Sociétés jouissent des mêmes avantages que les Sociétés approuvées. Elles peuvent, en outre, posséder, acquérir, vendre et

---

(1) Nous rappelons, notamment, en ce qui concerne la Société que nous avons l'honneur de présider, que, dans sa séance du 23 juin 1901, le Conseil municipal de Terrasson a décidé d'inscrire à son budget une somme de cent francs, à titre de subvention, en faveur de la Société de Secours mutuels de la commune. Nous sommes particulièrement heureux de signaler cette décision, qui doit servir d'exemple aux autres communes possédant des Sociétés de Prévoyance.

échanger des immeubles dans les conditions spécifiées par le décret leur reconnaissant l'utilité publique. Ces Sociétés sont fort peu nombreuses.

De l'exposé qui précède, il résulte que les Sociétés mutualistes ont le plus grand intérêt à obtenir l'approbation ministérielle. Il suffit, pour cela, d'adresser au Préfet du département où se trouve la Société la liste de ses membres et quatre exemplaires des statuts, dont un pour les Archives du Ministère, un pour les bureaux des Institutions de Prévoyance, un pour la Préfecture, le quatrième pour la Société.

L'approbation ne peut être refusée que dans les deux cas suivants :

1° Pour non conformité des statuts avec les dispositions de la loi;

2° Si les statuts ne prévoient pas de recettes proportionnelles aux dépenses pour les constitutions des retraites garanties ou des assurances en cas de vie, de décès ou d'accidents. (Art. 16 de la loi du 1er avril 1898.)

CHAPITRE II

**Frais médicaux, pharmaceutiques et funéraires.
Maladie et assurances. Indemnités journalières.
Allocations.**

———•———

Les administrateurs des Sociétés qui assurent
à leurs membres les frais médicaux, pharmaceutiques et funéraires doivent s'entendre avec les
médecins, les pharmaciens et les membres du
clergé de leur région pour obtenir d'eux une ré-
duction de tarif.

Les Sociétés paient le médecin à la visite ou à
l'abonnement. Ce dernier système peut être plus
économique, mais il n'est pas sans inconvénients.
Nous préférons le système individuel, qui permet
à chaque membre de consulter le médecin de son
choix.

Les médecins devront, autant que possible,
éviter de prescrire des spécialités, des eaux miné-
rales et autres médicaments de luxe, toutes les
fois que ces médicaments peuvent être remplacés

par des préparations également efficaces, quoique moins coûteuses.

Le corps médical a articulé un grief qui n'est pas souvent fondé, savoir : « Que les Sociétés de secours mutuels admettent des participants aisés pouvant payer intégralement des honoraires médicaux. » Mais, à côté de ce grief, les médecins reconnaissent comme un avantage compensateur le paiement intégral et assuré par les Sociétés mutualistes du prix réduit de leurs honoraires.

Dans une circulaire du 1er décembre 1897, M. le Ministre de l'Intérieur a mis en garde les administrateurs des Sociétés contre les dépenses médicales et pharmaceutiques exagérées, ainsi que contre l'admission dans les Sociétés, à titre de membres participants, de sociétaires dont l'état de fortune les classe plutôt parmi les membres honoraires. Si les rangs mutualistes, ajoute la circulaire, sont ouverts à tous les travailleurs de situation précaire ou modeste, il n'est pas juste que les gens aisés, qui ont le moyen de payer, le cas échéant, les médecins au tarif de leur clientèle ordinaire, obtiennent gratuitement, en versant une minime cotisation, les visites médicales, les médicaments et même une indemnité pour les journées où la maladie les empêche de vaquer à leurs occupations habituelles. Tel n'est pas le but des Sociétés de secours mutuels ; elles ont été créées surtout pour les laborieux qui vivent de leur salaire. Les plus fortunés doivent en être les soutiens naturels, en leur consacrant leurs loisirs et leurs conseils, et ils font acte de bons citoyens en leur accordant, à titre de bienfaiteurs, la cotisation exigée des membres participants.

Diverses mesures ont été préconisées pour rendre moins lourd le service pharmaceutique, telles que le tarif réduit et révisable pour les petites Sociétés et les pharmacies mutualistes, pour les Sociétés à gros contingents et de centres très importants (1).

Les médicaments ne doivent être fournis par le pharmacien que sur la présentation de l'ordonnance du médecin, portant le nom du membre participant malade.

Bien que privé du rôle important que lui conférait le décret du 26 mars 1852 dans la création et le développement des Sociétés mutualistes, le clergé n'a cessé de s'intéresser à ces associations de prévoyance. Il est rare que M. le Curé ne fasse pas partie de la Société de Secours mutuels de sa

---

(1) La Société de Secours mutuels de Terrasson a adopté le tarif des médicaments des pharmaciens de Bordeaux, à l'usage des Sociétés de Secours mutuels. Ce tarif est en vente chez M. Babilée, président du Syndicat des pharmaciens de Bordeaux, place des Capucins, numéro 59. Prix : 3 francs.

Nous signalons encore à nos lecteurs l'ouvrage publié récemment par M. le docteur Gyoux, de Bordeaux, membre du Conseil supérieur de la Mutualité, sous ce titre : « *De l'organisation du service médical et pharmaceutique dans les Sociétés de secours mutuels.* »

commune et qu'il ne réduise pas ses tarifs pour les frais funéraires en faveur des membres participants. En général, les statuts des Sociétés prévoient un maximum de frais qui ne peut être dépassé.

Les Sociétés approuvées qui supportent les frais funéraires de leurs membres décédés sont exonérées des deux tiers des droits sur les convois dans les villes où ils sont frappés d'une taxe municipale.

La famille du décédé doit prévenir de suite le président ou le secrétaire de la Société.

Les membres participants ou une délégation de ces derniers doivent assister aux obsèques des membres honoraires et des membres participants.

La loi de 1898, dans son article 1er, a augmenté les services auxquels peuvent pourvoir les Sociétés mutualistes, en leur donnant la faculté d'assurer leurs membres sur la vie et contre les accidents, d'allouer des secours aux ascendants, aux veufs, aux veuves ou orphelins des membres participants décédés, ainsi qu'en cas de maladie, blessures ou infirmités de leur famille; de créer, s'il y a lieu, des cours professionnels, des offices gratuits de placements: d'accorder des allocations, en cas de chômage involontaire, mais le tout subordonné à la création de voies et moyens spéciaux.

En dehors des retraites dont nous allons parler plus loin, les Sociétés peuvent accorder à leurs membres participants des allocations annuelles, des indemnités journalières en cas de maladie, des secours pécuniaires en cas de besoin.

Certaines Sociétés fixent à une durée déterminée le droit aux soins médicaux et aux médicaments pour chaque maladie, tout en versant au membre participant malade une indemnité quotidienne en argent pendant un délai également déterminé. Nous ne sommes pas partisan de cette sorte de prime accordée à la maladie et qui peut donner lieu à des abus. Nous pensons que ces allocations peuvent être utilement remplacées par des secours votés en connaissance de cause par le Conseil d'administration de la Société. Nous sommes d'avis, d'un autre côté, d'assurer les soins médicaux et les médicaments pendant toute la durée de la maladie.

CHAPITRE III

Placement des fonds sociaux. Pensions de retraite. Retraites servies par l'intermédiaire de la Caisse nationale des Retraites. Retraites servies directement par les Sociétés de Secours mutuels sur les intérêts du fonds commun. Livret individuel. Subventions.

———◆———

Les administrateurs des Sociétés de secours mutuels doivent porter toute leur attention sur le placement des fonds des Sociétés. La prospérité de ces dernières dépend souvent de la bonne gestion de leurs finances.

L'article 20 de la loi du 1ᵉʳ avril 1898 stipule que les placements des Sociétés de secours mutuels approuvées doivent être effectués en dépôt aux Caisses d'Epargne, à la Caisse des Dépôts et Consignations, en rentes sur l'Etat, bons du Trésor ou autres valeurs créées ou garanties par l'Etat, en obligations des départements et des communes, du Crédit foncier de France ou des Compagnies françaises de chemins de fer qui ont une garantie d'intérêts de l'Etat.

Il y a avantage manifeste à avoir recours à la Caisse des Dépôts et Consignations. Les fonds des Sociétés placés à cette Caisse bénéficient, en effet, d'un taux de faveur de 4 1/2 %, et on ne peut prévoir que le taux soit réduit. Cette Caisse, qui est en somme la Caisse de l'Etat, offre toutes les garanties de ce dernier.

Une Société prévoyante versera donc ses fonds à cette Caisse, qui peut recevoir tous les dépôts, quel qu'en soit le montant :

1° En compte-courant disponible ou de réserve, qu'elle a la faculté de retirer librement, après avis préalable ;

2° En compte affecté, pour toute la durée de la Société, à la formation et à l'accroissement d'un fonds commun inaliénable.

C'est le fonds commun qui sert à alimenter les pensions de retraites.

Si ce fonds commun est maintenu obligatoirement pour les Sociétés ayant organisé dans le passé des retraites en faveur de leurs membres, il est, au contraire, facultatif pour les autres Sociétés.

Les statuts indiqueront si la Société doit s'assurer un fonds commun de retraites, et si ce fonds servira à constituer des pensions garanties ou non garanties.

Les statuts préciseront, en outre, les moyens d'alimenter le fonds commun de retraites.

Le jour où le fonds de réserve est égal au double de la recette annuelle, il est bon d'affecter le surplus au fonds de retraites, et de façon à pouvoir obtenir le maximum de la subvention de l'Etat qui pourra être allouée.

A ce sujet, il est indispensable de connaître les règles qui président à la répartition.

La subvention comprend :

1° Le quart du versement ;

2° Un franc par membre participant ;

3° Un franc par membre participant âgé de plus de cinquante-cinq ans.

D'un autre côté :

1° La subvention ne peut jamais dépasser le versement ;

2° Lorsque le nombre des participants est égal ou inférieur à mille, la subvention ne peut dépasser trois mille ;

3° Si le nombre des participants est supérieur à mille, la subvention ne peut excéder le nombre de ces membres multiplié par trois ;

4° En aucun cas, la subvention ne peut dépasser dix mille francs.

Le problème se pose donc ainsi : quelle somme devra-t-on verser pour obtenir le maximum de subvention, étant donné les règles de répartition et de restriction ci-dessus exposées?

D'après un récent compte-rendu du Ministre de

l'Intérieur, nous croyons devoir citer six exemples, contenant d'utiles indications pour la marche à suivre :

Premier exemple. — Une Société a 608 membres participants, dont 176 âgés de plus de 55 ans ; elle verse 3,000 francs au fonds de retraites. La Société touchera le quart du versement, soit 750 francs ; plus un franc par membre participant, soit 608 francs ; plus un franc par membre âgé de plus de 55 ans, soit 176 francs ; au total : 1,534 francs. Cette Société touchera 1,534 francs pour 3,000 francs versés, c'est-à-dire que son capital lui rapportera plus de 50 °/₀.

Deuxième exemple. — Une Société a 294 membres, dont 53 âgés de plus de 55 ans ; elle verse 252 francs à la Caisse de retraites. En principe, elle devrait toucher le quart du versement, soit 63 francs ; plus un franc par membre, soit 294 francs ; plus un franc par membre âgé de plus de 55 ans, soit 53 francs ; en tout : 410 francs. Il ne lui sera alloué que 252 francs, car, dans aucun cas, la subvention ne peut dépasser le versement effectué.

Troisième exemple. — Une Société compte 520 membres, dont 82 âgés de plus de 55 ans ; elle verse 10,000 francs aux fonds de retraites. Elle devrait toucher le quart, soit 2,500 francs ; plus un franc par membre, soit 520 francs ; plus un franc par membre âgé de plus de 55 ans, soit 82 francs ;

au total : 3,102 francs. La Société ne recevra pourtant que 3,000 francs, car, lorsque le nombre des participants est inférieur à 1,000, le maximum de la subvention ne peut être que de 3,000 francs.

Quatrième exemple. — Une Société compte 1,579 membres, dont 519 âgés de plus de 55 ans ; elle verse 10,000 francs aux fonds de retraites. Elle touchera le quart, soit 2,500 francs ; plus un franc par membre, soit 1,579 francs ; plus un franc par membre âgé de plus de 55 ans, soit 519 francs ; au total : 4,598 francs de subvention pour 10,000 francs versés, soit 45 °/₀ du capital.

Cinquième exemple. — Une Société compte 1,580 membres, dont 524 âgés de plus de 55 ans ; elle verse 15,000 francs aux fonds de retraites. Elle devra toucher le quart, soit 3,750 francs ; plus un franc par membre, soit 1,580 francs ; plus un franc par membre âgé de plus de 55 ans, soit 524 francs ; au total : 5,854 francs. Elle ne touchera, cependant, que 4,740 francs, car, si le nombre des participants est supérieur à 1,000, la subvention ne peut excéder le nombre des participants multiplié par 3, soit : 1,580 participants × 3 francs = 4,740 francs.

Sixième exemple. — Une Société compte 4,000 membres, dont 840 âgés de plus de 55 ans ; elle verse 24,000 francs aux fonds de retraites. La Société devrait toucher le quart, soit 6,000 francs ; plus un franc par membre, soit 4,000 francs ; plus un franc par membre âgé de plus de 55 ans, soit 840 francs ; au total : 10,840 francs. La Société ne recevra, cependant, que 10,000 francs, car, dans aucun cas, la subvention ne peut dépasser ce chiffre.

La loi du 1er avril 1898, article 23, laisse la faculté à la Société de secours mutuels approuvée, qui a un fonds commun de retraites, de servir des pensions, soit par l'intermédiaire de la Caisse nationale des retraites, soit directement, sous réserve des règlements à intervenir à l'aide des intérêts du fonds commun.

Si la Société sert ses pensions sur les intérêts de son fonds commun, la délibération de l'Assemblée générale qui a accordé la pension devra le mentionner expressément, car, sauf avis contraire, les rentes sont constituées par la Caisse nationale des retraites.

Si la pension est prise directement sur les intérêts du fonds commun de retraites, la Société bénéficie intégralement du taux de 4 1/2 %, mais elle ne profite pas de la majoration.

Si la pension est servie par l'intermédiaire de la Caisse nationale des retraites, les fonds nécessaires à son achat sont capitalisés au taux de 3 fr. 50 %, mais elle profite d'une bonification accordée par l'État, qui porte le taux à 4 %.

Ainsi, une pension de 32 francs, liquidée par la Caisse nationale des retraites, se décompose en 27 francs fournis par la Société exigeant un capital de 771 francs et en 5 francs de bonification. La même pension, servie directement sur les intérêts du fonds commun, immobilise un capital de 711 francs. Il y a donc, dans le second système, une différence de 60 francs de capital au profit de la Société.

Pour les petites pensions, la différence est assez minime, mais elle devient sensible pour les pensions atteignant un chiffre élevé, ainsi qu'il sera facile de s'en rendre compte par le tableau synoptique que nous publions ci-après :

Tarif 3 fr. 50 % des pensions servies par la Caisse Nationale de Retraites (à capital réservé).

Montant de la pension.	Montant de la majoration.	Total.	Capital correspondant.	Montant de la pension.	Montant de la majoration.	Total.	Capital correspondant.
fr.	fr.	fr.	fr.	fr.	fr.	fr.	fr.
27	5	32	771	38	6	44	1.086
28	5	33	800	39	6	45	1,114
29	5	34	829	40	6	46	1.143
30	5	35	857	41	7	48	1.171
31	6	37	886	42	7	49	1.200
32	6	38	914	43	7	50	1.229
33	6	39	943	44	7	51	1.257
34	6	40	971	45	7	52	1.286
35	6	41	1.000	46	7	53	1.314
36	6	42	1.029	47	7	54	1.343
	6	43	1,057	48	7	55	1.371

MONTANT de la pension.	MONTANT de la majoration.	TOTAL.	CAPITAL correspondant.	MONTANT de la pension.	MONTANT de la majoration.	TOTAL.	CAPITAL correspondant.
fr.	fr.	fr.	fr.	fr.	fr.	fr.	fr.
49	7	56	1.400	75	9	84	2.143
50	7	57	1.429	76	9	85	2.171
51	8	59	1.457	77	9	86	2.200
52	8	60	1.486	78	9	87	2.229
53	8	61	1.514	79	9	88	2.257
54	8	62	1.543	80	9	89	2.286
55	8	63	1.571	81	10	91	2.314
56	8	64	1.600	82	10	92	2.343
57	8	65	1.629	83	10	93	2.371
58	8	66	1.657	84	10	94	2.400
59	8	67	1.686	85	10	95	2.429
60	8	68	1.714	86	10	96	2.457
61	9	70	1.743	87	10	97	2.486
62	9	71	1.771	88	10	98	2.514
63	9	72	1.800	89	10	99	2.543
64	9	73	1.829	90	10	100	2.571
65	9	74	1.857	91	10	101	2.600
66	9	75	1.886	92	10	102	2.629
67	9	76	1.914	93	10	103	2.657
68	9	77	1.943	94	10	104	2.686
69	9	78	1.971	95	10	105	2.714
70	9	79	2.000	96	10	106	2.743
71	9	80	2.029	97	10	107	2.771
72	9	81	2.057	98	10	108	2.800
73	9	82	2.086	99	10	109	2.829
74	9	83	2.114	100	10	110	2.857

Tarif.4 fr. 50 % des pensions servies par les Sociétés sur les fonds communs (à capital inaliénable).

MONTANT de la pension.	CAPITAL correspondant.	DIFFÉRENCE en Capital.	MONTANT de la pension.	CAPITAL correspondant.	DIFFÉRENCE en Capital.
fr.	*fr.*	*fr.*	*fr.*	*fr.*	*fr.*
32	711	60	56	1.244	156
33	733	67	57	1.267	162
34	755	74	59	1.311	146
35	777	80	60	1.333	153
37	822	64	61	1.355	159
38	844	70	62	1.378	165
39	867	76	63	1.400	171
40	889	82	64	1.422	178
41	911	89	65	1.444	185
42	933	96	66	1.466	191
43	956	101	67	1.489	197
44	978	108	68	1.511	203
45	1.000	114	70	1.525	218
46	1.022	121	71	1.578	193
48	1.067	104	72	1.600	200
49	1.089	111	73	1.623	206
50	1.111	118	74	1.645	212
51	1.133	124	75	1.667	219
52	1.156	130	76	1.689	225
53	1.178	136	77	1.711	232
54	1.200	143	78	1.733	238
55	1.222	149	79	1.756	244

Montant de la pension.	Capital correspondant.	Différence en Capital.	Montant de la pension.	Capital correspondant.	Différence en Capital.
fr.	fr.	fr.	fr.	fr.	fr.
80	1.778	251	96	2.133	324
81	1.800	257	97	2.156	330
82	1.822	264	98	2.178	336
83	1.844	270	99	2.200	343
84	1.867	276	100	2.222	349
85	1.889	282	101	2.244	356
86	1.911	289	102	2.267	362
87	1.934	295	103	2.289	368
88	1.956	301	104	2.312	374
89	1.978	308	105	2.333	381
91	2.022	292	106	2.356	387
92	2.044	299	107	2.378	393
93	2.067	304	108	2.400	400
94	2.089	311	109	2.422	407
95	2.111	318	110	2.444	413

On peut continuer les calculs jusqu'au chiffre maximum de 360 fr., connaissant la suite du barême des majorations que nous transcrivons ci-après :

Francs.	Pensions de :
11	101 à 120.
12	121 à 150.
13	151 à 200.
14	201 à 250.
15	251 à 360.

Les pensions de 360 fr. ne donnent lieu à aucune majoration. (*Arrêté du 1er juin 1899.*)

Pour les Sociétés de retraites, le supplément d'arrérages est égal à la rente viagère, correspondant au capital aliéné de :

Francs.	Pensions de :
45	27 à 30.
54	31 à 40.
63	41 à 50.
72	51 à 60.
81	61 à 80.
90	81 à 100.
99	101 à 120.
108	121 à 150.
117	151 à 200.
126	201 à 250.
135	251 à 360.

Il y a lieu d'espérer que, dans un temps prochain, on arrivera au taux de 4 1/2 % à la Caisse nationale des retraites pour la vieillesse, en ce qui concerne les fonds constitutifs de pensions des Sociétés de secours mutuels, comme cela existe à la Caisse des Dépôts et Consignations pour les fonds libres et les fonds de retraites.

Les pensions servies par la Caisse de retraites étant à capital réservé au profit des Sociétés de Secours mutuels, les fonds affectés au service de la pension sont, au décès du pensionnaire, réintégrés à la Caisse de la Société, où ils produisent 4 1/2 %.

D'après l'article 8 du décret du 26 avril 1856, les pensions ne peuvent être inférieures à 30 francs ni excéder, dans aucun cas, le décuple de la cotisation annuelle fixée par les statuts de la Société à laquelle appartient le titulaire.

Les pensions de retraites peuvent encore être constituées sur un livret individuel, qui appartient en toute propriété au titulaire, capital aliéné ou réservé, à la Caisse nationale des retraites ou à une des Caisses autonomes prévues par l'article 27 de la loi du 1er avril 1898 (1).

Dans ce cas, tout membre participant reçoit, dès son admission, un livret de la Caisse des retraites ou de la Caisse autonome, donnant droit à une pension de retraite garantie à l'âge de 50 ans au moins.

Chaque année, le trésorier de la Société verse sur chacun de ses livrets à capital aliéné ou réservé, suivant que les statuts en auront décidé :

1° La portion de cotisation affectée au service des retraites et prévue par les statuts ;

2° Un supplément éventuel uniforme pour tous les participants, déterminé annuellement par l'Assemblée générale et prélevé sur les recettes complémentaires ;

3° Les versements volontaires que les participants effectuent éventuellement pour accroître la pension.

---

(1) On appelle Caisse autonome une Caisse spéciale gérée par la Société de secours mutuels ou par une union de Sociétés. (*Article 27 de la loi du 1er avril 1898.*)

Le membre participant peut, à son choix, verser sur son livret ses cotisations à capital aliéné ou à capital réservé, au profit de ses ayants-droits. Il en est principalement ainsi pour les Sociétés dont le but exclusif est d'assurer des pensions de retraites à ses membres.

Les mutualistes sont les meilleurs juges des avantages qu'ils peuvent avoir de servir les retraites au moyen de livrets individuels ou sur la constitution d'un fonds commun.

Les subventions accordées par l'Etat aux Sociétés de secours mutuels approuvées qui constituent des pensions à l'aide du livret individuel, sont établies de la façon suivante :

1° Un franc pour chaque membre participant titulaire de livret des Sociétés qui assurent à la fois le service de la maladie et celui de la retraite;

2° Cinquante centimes par membre participant des Sociétés qui n'assurent que le service des retraites;

3° Un franc par titulaire du livret âgé de plus de cinquante-cinq ans des Sociétés qui assurent à la fois le service de la maladie et celui de la retraite ;

4° Cinquante centimes par membre participant âgé de plus de cinquante-cinq ans des Sociétés qui n'assurent que le service de la retraite;

5° Le quart du versement global produit par

l'ensemble des versements effectués sur les livrets individuels et provenant des fonds sociaux.

Toutefois, cette répartition est soumise aux restrictions suivantes :

Lorsque le nombre des membres participants titulaires de livrets est égal ou inférieur à mille, la subvention ne peut excéder trois mille francs ;

Si le nombre de ces membres participants est supérieur à mille, la subvention ne peut excéder ce nombre multiplié par trois, sans pouvoir dépasser dix mille francs.

En aucun cas, la subvention ne peut être supérieure au chiffre du versement.

En un mot, ces subventions sont établies sur les mêmes bases que celles allouées sur le fonds commun de retraites et que nous avons étudiées plus haut.

Si la Société constitue à la fois, dans le cours du même exercice, un fonds commun de retraites et de livrets individuels, il ne sera alloué qu'une seule subvention dans les conditions déterminées ci-dessus. Les statuts sociaux détermineront si cette subvention doit être affectée aux fonds communs ou répartie sur les livrets individuels.

Ces subventions sur les livrets individuels seront fixées chaque année, d'après les bases ci-dessus énoncées, au moyen d'un état que les Sociétés intéressées fourniront au ministère de l'intérieur.

Cet état indiquera :

1° Le nom et le siège de la Société bénéficiaire ;

2° Le nombre de livrets individuels sur lesquels des versements, provenant des ressources sociales, auront été opérés ;

3° Le nombre des titulaires de livrets, âgés de plus de cinquante-cinq ans ;

4° La somme totale des versements effectués.

Disons, enfin, que les pensions sont incessibles et insaisissables jusqu'à concurrence de 360 francs.

Les Sociétés de secours mutuels approuvées qui ne constituent pas de retraites, soit à l'aide de fonds communs, soit par le livret individuel, qui n'ont pas à la Caisse des Dépôts et Consignations un compte de fonds de retraites, ne sont pas cependant privées complètement des subventions de l'Etat, mais elles ne reçoivent annuellement que cinquante centimes par membre participant, sans que cette subvention puisse, dans aucun cas, dépasser la somme de cinq cents francs.

CHAPITRE IV

De la Mutualité scolaire. Sociétés de dotation de la Jeunesse française. Sociétés des Vétérans des armées de terre et de mer 1870-71. Des pseudo-Sociétés mutualistes.

———×———

A côté des Sociétés proprement dites de secours mutuels comprenant la plupart des services prévus dans l'article 1ᵉʳ de la loi de 1898, il existe des Sociétés ne comportant que l'organisation d'un de ces services, tel, en général, que la constitution de pensions de retraites. Parmi ces Sociétés, nous citerons notamment : *La Mutualité Scolaire, La Dotation de la Jeunesse Française, La Société des Vétérans des armées de terre et de mer 1870-71.*

La Mutualité Scolaire. — Surpris du nombre encore considérable de personnes ne faisant pas partie des Sociétés de secours mutuels, malgré les avantages que leur offrent ces dernières, de la modicité des pensions de retraites des sociétaires dont la moyenne peut atteindre soixante francs, M. J.-C. Cavé, alors juge au Tribunal de Commerce de la Seine, eut l'heureuse pensée de faire pratiquer la prévoyance chez le jeune écolier, c'est-à-dire presque au début de la vie.

Comme il l'a dit lui-même, *La Mutualité Scolaire* est une œuvre de jeunesse, d'initiative et d'éducation. Elle enseigne à nos enfants les devoirs qu'imposent la vie publique et la vie familiale, devoirs qui représentent à tous les yeux la dette de l'homme envers les autres hommes.

Elle est comme le péristyle de nos Sociétés de secours mutuels.

Elle fut créée en 1881.

Elle se compose de membres participants et de membres honoraires.

Il n'est payé aucun droit d'entrée. La cotisation est hebdomadaire et de la modique somme de dix centimes, dont la moitié (cinq centimes) est versée à la caisse commune pour assurer à l'enfant une indemnité de cinquante centimes par jour en cas de maladie; les cinq centimes restants sont destinés à la constitution d'un livret individuel de retraite appartenant au sociétaire. A ces cotisations, viennent se joindre les subventions de l'Etat et les versements des membres honoraires.

Enfin, un supplément de cotisation annuelle de cinquante centimes permet de donner aux parents, en cas de décès de l'enfant sociétaire, une somme de vingt-cinq francs pour contribuer aux frais funéraires.

L'admission a lieu de trois à treize ou quatorze ans, pendant la fréquentation de l'école.

Les essais de mutualités scolaires, faits d'abord à Paris, donnèrent les meilleurs résultats, et le mouvement mutualiste gagna vite la province.

Les « petites Cavé », comme on les désigne dans le monde mutualiste, se sont organisées dans tous les départements ; elles comprennent plus de douze mille écoles, s'étendant à six cent mille écoliers ou écolières.

Le sénateur M. Maze disait un jour : « On apprend tout à l'école, hormis la prévoyance et la mutualité. »

Cette lacune n'existe plus aujourd'hui, et on ne saurait assez louer le zèle de MM. les inspecteurs d'académie, inspecteurs primaires, instituteurs, pour arriver à créer et développer dans leurs écoles ces mutualités de jeunes élèves qui sont d'excellentes pépinières pour les sociétés d'adultes, en faisant germer de bonne heure chez l'enfant les grands principes de solidarité, de prévoyance et d'amour fraternel, base de toute association mutualiste.

Voilà bien la première leçon de choses à donner à l'enfant.

M. Edouard Petit, inspecteur général de l'instruction publique, a pu constater, dans un de ses derniers rapports, l'évolution de la mutualité scolaire : « Elle a, dit-il, élargi son horizon. Ici, elle a pris sous son patronage les œuvres complémentaires de l'école; là, elle est devenue mutualité post-scolaire ; là, de cantonale, elle s'est élargie en mutualité d'arrondissement, même de département. Elle n'avait visé que les enfants des écoles, mais la voilà qui pénètre dans les lycées et les collèges, et, par contraste, la voilà qui voit venir à elle les pupilles de l'assistance. C'est toute l'enfance, toute l'adolescence, et les riches et les médiocrement fortunés, et les indigents et les abandonnés même qu'elle accueille, à qui elle prêche sa doctrine résumée en ces mots de réconfort et d'espérance : « Aimez-vous, aidez-vous. »

Dotation de la Jeunesse française. — Cette œuvre a été créée par M. René Pagès. Les sociétaires se recrutent parmi les jeunes enfants de l'un et de l'autre sexe. Ces Sociétés ont pour but, en échange de cotisations, de constituer une dot à chaque jeune fille lors de son mariage ou de sa majorité, et à chaque jeune homme lors de l'expiration de son service militaire.

Ces Sociétés se composent de membres actifs, de membres participants, de membres honoraires.

Les membres actifs sont ceux qui, à titre de père, de mère, tuteur ou donateur, proposent à la Société l'inscription d'un membre participant et s'engagent à effectuer à son profit les versements prévus par les statuts. Ils ne sont soumis à aucune condition d'âge, de sexe, de domicile, de nationalité, de profession.

Les membres participants sont ceux qui ont droit à tous les avantages assurés par l'Association, en échange du paiement régulier de leurs cotisations.

Pour être admis au titre de membre participant, le candidat doit remplir les conditions suivantes :

1° Etre présenté par un membre actif;

2° Etre âgé de quinze ans au plus;

3° Etre domicilié en France, dans les colonies ou pays de protectorat;

4° Etre né de parents français ou naturalisés, ou encore être né de parents étrangers dans un des pays où la Société opère, mais sous réserve qu'il aura à sa majorité la qualité de Français;

5° La naturalisation n'est pas exigée pour les indigènes de l'Algérie, des colonies et des pays de protectorat.

Indépendamment du droit d'admission de un franc, la cotisation mensuelle à verser est de cinquante centimes. Les cotisations de janvier et juillet sont majorées de cinquante centimes pour les frais d'administration.

La Société prend à sa charge les cotisations de ses membres participants qui deviennent orphelins de père et de mère et se trouvent hors d'état d'acquitter lesdites cotisations. Elle avance, pour les membres participants qui sont sous les drapeaux, les cotisations qui arrivent à échéance pendant la durée de leur service militaire.

Toute part sur laquelle les cotisations mensuelles ont été versées au moins pendant dix années révolues, donne droit à une dot, à laquelle s'ajoutent les majorations prévues par les statuts.

La dot et les majorations sont inscrites, au fur et à mesure de leur attribution, sur un compte particulier ouvert à chaque part le 1er janvier qui suit l'accomplissement de sa dixième année d'existence.

Le paiement des cotisations mensuelles en sus des cent vingt premiers est facultatif jusqu'à la liquidation de ce compte. Cette liquidation a lieu, au plus tard, quand le membre participant a atteint l'âge de vingt-cinq ans. Elle peut être demandée avant cette époque, à la condition que le membre participant, s'il s'agit d'un garçon, ait dépassé vingt-et-un ans et ait accompli son service militaire, à moins d'un cas de réforme, et s'il s'agit d'une fille, qu'elle ait dépassé vingt-et-un ans ou qu'elle se marie.

Conformément à la loi, le montant de la dot ne peut dépasser six cents francs par part.

Société des Vétérans de terre et de mer, 1870-71. — *Les Sociétés des Vétérans de terre et de* *mer* sont des Sociétés de retraites fondées le 1ᵉʳ janvier 1893, à capital inaliénable.

Ces Sociétés ont pour but de grouper tous les défenseurs de la Patrie dans un même sentiment d'union et d'assurer la sécurité de leurs vieux jours à l'aide d'une retraite qui peut atteindre six cents francs, grâce à une cotisation annuelle de douze francs.

Ces Sociétés se composent de membres actifs, vétérans, sociétés, pupilles, de membres honoraires et de membres d'honneur.

Les vétérans sont les militaires de terre ou de mer ayant pris part à un titre quelconque aux campagnes de 1870-71 contre l'Allemagne ou à des campagnes antérieures. Ils sont pensionnaires après dix ans de sociétariat.

Les sociétaires sont les militaires de terre ou de mer qui n'ont pas pris part aux campagnes ci-dessus, mais ont accompli leur service actif effectif, et les hommes des services auxiliaires après l'âge de vingt-cinq ans. Ils sont pensionnaires après vingt-cinq ans de sociétariat.

Les pupilles sont les fils des vétérans et des sociétaires admis dans la Société à tout âge; jusqu'à l'âge de vingt-cinq ans, ils paient une cotisation annuelle de trois francs. A cet âge, ils peuvent devenir sociétaires et paient alors la cotisation de douze francs. Ils ont droit à la pension de retraite après vingt ans de sociétariat.

Ces Sociétés ont pour emblème un faisceau

d'armes et de drapeaux avec cette exergue :
« *Oublier... jamais!...* »

Des pseudo-Sociétés mutualistes. — La
règle fondamentale des Sociétés de secours mutuels exige qu'à charges égales leurs membres
aient des droits égaux. Ne sont donc pas considérées comme Sociétés de secours mutuels les
Associations qui créent, au profit de telle ou telle
catégorie de leurs membres et au détriment des
autres, des avantages particuliers.

Nous ne parlerons donc pas de ces Sociétés qui
n'ont de la mutualité que le nom, telles que : *Les
Prévoyants de l'Avenir, La Boule de Neige, La
France Prévoyante,* etc., dont la méthode consiste
à recueillir pendant vingt, quinze ou dix ans des
souscriptions destinées à produire un fonds social
inaliénable, dont les revenus sont partagés entre les
membres présents au nombre d'années de sociétariat
prévu par les statuts. Comme le disait M. Lourties,
sénateur, président de *La Ligue de Prévoyance et
de la Mutualité,* dans un de ses discours : « Il n'y a
» que deux remèdes à la situation très grave que
» ces pseudo-mutualistes font à la mutualité
» vraie : c'est la mise en demeure pour ces So-
» ciétés de modifier leurs statuts et de les mettre
» en harmonie avec la nouvelle loi, c'est-à-dire
» l'obligation d'assurer à tous leurs sociétaires à
» charges égales des avantages égaux, ou le
» retrait de l'autorisation administrative qui leur

» a été donné, et leur mise en liquidation judi-
» ciaire. »

D'après le système adopté par ces Sociétés, les premiers affiliés touchaient jusqu'à deux mille francs, tandis que les nouveaux étaient réduits à la portion congrue de trente francs. Les épargnants contemporains, qui sont les plus nombreux, se trouvaient donc exploités par les épargnants des premières années, qui ne sont qu'une infime minorité.

Nous ne pouvons assez dénoncer cette criante injustice, ainsi qu'on l'a fait déjà, et mettre en garde les mutualistes contre de pareilles exploitations.

CHAPITRE V

Unions et fédérations des Sociétés de Secours mutuels.

Tout en conservant leur autonomie, les Sociétés de secours mutuels peuvent former avec d'autres Sociétés en nombre illimité sur tout le territoire français des Unions. (*Article 8 de la loi du 1er avril 1898.*)

Vaste est le programme de ces groupements. Ces Unions sont, en effet, autorisées à donner les secours prévus par l'article 1er de la loi de 1898; à créer des pharmacies et de s'unir même pour cela à des établissements de bienfaisance; à donner des secours pour une durée plus longue aux membres participants de différentes Sociétés de l'Union qui viendraient à changer de résidence; à créer des caisses de retraites et d'assurances communes à plusieurs Sociétés pour les assurer de leurs risques, notamment pour les opérations à longs termes et les maladies de longue durée; à créer des dispensaires, des bureaux de placements gratuits, des cours professionnels, des caisses de prêts gratuits. Ces Unions peuvent aussi s'entendre pour combiner leur action avec celle de Syndicats professionnels.

La création des Unions a lieu au moyen d'un sous-seing privé sur papier libre, en double, et signé par le mandataire désigné par chaque Société.

Les statuts de ces Unions doivent indiquer s'il s'agit d'Unions libres ou approuvées, fixer le taux de la cotisation par membres, énoncer le nombre des Sociétés adhérentes, établir comment ces Sociétés pourront être augmentées ou diminuées, fixer la somme qui devra être versée avant la constitution de la Société en garantie des opérations.

Les feuilles d'adhésion doivent contenir le texte entier des statuts. Au procès-verbal, qui doit être soumis à la première assemblée de l'Union, doivent être joints :

1° La liste nominative des Sociétés adhérentes, contenant l'indication de leur siège social ;

2° L'expédition des procès-verbaux de chaque Société déclarant adhérer à l'Union et désignant les délégués chargés de les représenter ;

3° La liste des membres participants ayant adhéré dans chaque Société au projet d'Union, avec indication de leur âge, noms, prénoms, profession et demeure;

4° L'état des versements effectués;

5° L'un des doubles constituant l'Union.

L'Assemblée constitutive de l'Union, composée de délégués de chaque Société, vérifie la sincérité des procès-verbaux, nomme les administrateurs pour un délai de trois ans, renouvelables par tiers tous les ans.

Les Sociétés adhérentes à une Union contractent un engagement pour cinq ans et peuvent se retirer en prévenant six mois d'avance.

Les recettes et les dépenses de l'Union doivent être spécialisées pour chacun des buts poursuivis. Un compte et une caisse distincts sont ouverts pour chacun d'eux, et le placement des fonds doit être effectué en valeurs autorisées par l'article 20 de la loi du 1ᵉʳ avril 1898 ou aux Caisses visées par cet article.

Comme l'a dit en homme de talent et de cœur M. Paul Deschanel, membre de l'Académie française, ancien Président de la Chambre des députés : « La Société de secours mutuels isolée a fait » son temps. Le mouvement de concentration qui » se produit dans toutes les régions du monde » industriel et ouvrier, et qui est la loi économique » de notre siècle, commence à gagner la Mutua- » lité. Déjà, nous apercevons les premiers linéa- » ments de l'organisation future : en bas, dans la

» commune, dispersées sur toute la surface du ter-
» ritoire, de petites Sociétés qui sont comme les
» cellules premières et les embryons de la pré-
» voyance; au-dessus, dans la ville, dans l'arron-
» dissement, dans le département, les Unions des
» Sociétés, — et au-dessus encore, le groupement
» de ces Unions, les Fédérations. Ce groupement,
» de plus en plus étendu, accomplira les fonctions
» de plus en plus savantes et élevées... »

Les Sociétés de secours mutuels doivent donc
chercher à former entre elles des Unions et des
Fédérations, afin de profiter des avantages considérables offerts par ces dernières et que nous énu-
mérons plus haut.

N'oublions pas que nous sommes en état d'infé-
riorité avec l'Angleterre, l'Amérique et l'Allemagne, en ce qui concerne la grande cause de la
mutualité et de l'assurance. Prenons exemple sur
ces puissantes associations anglaises, ces *Trade-
Unions,* vieilles déjà d'un demi-siècle, possédant
aujourd'hui une réserve de plus de cinquante millions, tout en servant chaque année de nombreuses
retraites et secourant tous leurs membres mal-
heureux.

CHAPITRE VI

L'Avenir de la Mutualité.

La Mutualité est le grand arbre humain ayant pour racines la liberté, la solidarité, la fraternité, sous lequel tous les Français doivent s'abriter et s'unir.

Nous ne saurions trop encourager l'ouvrier prévoyant, qu'il soit célibataire ou marié, à faire partie le plus tôt possible d'une Société de secours mutuels où il trouvera médecins, médicaments, secours dans la maladie et le besoin, où il trouvera comme une nouvelle et grande famille unie dans les mêmes sentiments de solidarité et de fraternité, suivant la noble devise des mutualistes fièrement arborée : « *Aidons-nous, aimons-nous.* »

Tout, du reste, sollicite le travailleur à ne pas rester isolé, à se grouper en vue d'améliorer sa pénible situation. En se faisant recevoir dans une Société mutualiste, il remplit, au surplus, un devoir civique, car, ne l'oublions pas, chaque Société porte en germe la solution à venir, la solution pacifique, et qui nous intéresse tous, de la question sociale.

Les chefs de l'Etat qui se sont succédé depuis quelques années ont compris, de leur côté, que leur plus grande sollicitude devait aller à la classe la plus intéressante de la nation française, la classe des travailleurs.

Les regrettés Carnot et Félix Faure avaient souvent affirmé leur foi dans les efforts de la prévoyance et avaient rendu de précieux services à cette belle institution qui est la Mutualité française.

Enfin, aujourd'hui, celui qui préside avec tant de sagesse aux destinées de notre pays et de la République s'est toujours montré un fervent adepte de la grande œuvre humanitaire. Président depuis trente ans de la Société de secours mutuels de sa ville natale, dont il est resté le président d'honneur, M. Loubet, dans le discours qu'il prononça en janvier 1898, et plus tard, dans son Message, s'est toujours montré préoccupé de la solution à donner aux questions de solidarité sociale, « en présence, disait-il, de l'impérieux » besoin d'assurer de plus en plus le bien-être » moral et matériel des citoyens. »

Dans un de ses derniers voyages dans le Midi de la France, M. le Président de la République a saisi encore cette occasion pour affirmer sa sollicitude à l'égard de la Mutualité. « Quand j'administrais ma » commune, a-t-il dit, mon premier souci a été » d'aider au développement de la Mutualité et à la » création de Sociétés de secours mutuels. J'ai été

» le second maire de France qui ait fait inscrire au
» budget de ma commune un crédit destiné à
» venir en aide, sous forme de subvention, aux
» Sociétés de secours mutuels qui versaient à la
» Caisse des retraites pour la vieillesse. »

M. Paul Deschanel, l'apôtre autorisé de la Mutualité et de la pitié sociale, que nous aimons à citer et que nous avons eu le plaisir d'entendre et d'applaudir en octobre 1899, quand il vint à Bordeaux présider la grande fête mutualiste du Sud-Ouest et nous porter la bonne parole, nous disait, élargissant la question et se préoccupant à juste titre de la diminution de la main-d'œuvre, par suite de l'abaissement du prix de revient des objets fabriqués par les machines perfectionnées :

« Autrefois, lorsqu'on ne connaissait d'autres ins-
» truments de production que l'outil, le travailleur
» en était propriétaire ; il a cessé de l'être quand la
» machine a remplacé l'outil. Aujourd'hui, nous
» voulons qu'au moyen de l'Association libre le
» travailleur redevienne co-propriétaire de ses ins-
» truments de travail. Le salariat, tel qu'il est
» constitué aujourd'hui, est une forme transitoire ;
» assurément, il constitue un progrès considérable
» sur l'état inférieur, mais il fera place, comme la
» machine elle-même, comme le moteur combiné,
» comme l'ordre économique qui en est sorti, à un
» état supérieur où les hommes qui produisent ne
» seront entre eux, non plus dans un rapport de
» dépendance, mais dans un rapport d'association

» où l'homme ne sera plus un instrument pour
» l'homme. »

Espérons que ce résultat sera atteint par le développement des Syndicats institués par la loi de 1884, auxquels viennent se greffer les Sociétés de secours mutuels émancipées par la loi de 1898.

Espérons que, par suite, s'éteindra cette douloureuse guerre des classes, par le rapprochement même des classes sur le terrain de la Mutualité, et la mise en pratique de cette pensée divine, qui nous est particulièrement chère à tous : « Aux déshérités le plus d'amour ! »

Espérons que les retraites ouvrières, dont on s'occupe en ce moment, pourront être enfin constituées par l'intervention de la mutualité, et que la prévoyance, grâce à l'initiative individuelle, aidée par les Pouvoirs publics, remplacera bientôt l'assistance.

Espérons, enfin, que ces sentiments d'amour mutuel, pénétrant plus profondément dans les âmes, après nous avoir donné la paix entre Français, déborderont sur le monde entier, et que nous pourrons saluer l'aurore du jour si désiré où, selon le prophète : « Les lances et les épées seront
» changées en charrues pour labourer et en faulx
» pour moissonner, et qu'un peuple ne lèvera
» plus la main sur un autre peuple... »

LOI DU 1er AVRIL 1898

RÉPUBLIQUE FRANÇAISE.

—

LOI

RELATIVE AUX SOCIÉTÉS DE SECOURS MUTUELS

(1ᵉʳ Avril 1898)

—×—

Le Sénat et la Chambre des députés ont adopté,
Le Président de la République promulgue la loi dont la
teneur suit :

TITRE PREMIER

DISPOSITIONS COMMUNES A TOUTES LES SOCIÉTÉS

ARTICLE PREMIER. — Les sociétés de secours mutuels sont
des associations de prévoyance qui se proposent d'atteindre un
ou plusieurs des buts suivants : assurer à leurs membres
participants et à leurs familles des secours en cas de maladie,
blessures ou infirmités, leur constituer des pensions de
retraites, contracter à leur profit des assurances individuelles
ou collectives en cas de vie, de décès ou d'accidents, pourvoir
aux frais des funérailles et allouer des secours aux ascendants, aux veufs, veuves ou orphelins des membres participants
décédés.

Elles peuvent, en outre, accessoirement, créer au profit de
leurs membres des cours professionnels, des offices gratuits
de placement et accorder des allocations en cas de chômage,
à la condition qu'il soit pourvu à ces trois ordres de dépenses au moyen de cotisations ou de recettes spéciales.

ART. 2. — Ne sont pas considérées comme sociétés de secours mutuels les associations qui, tout en organisant, sous

un titre quelconque, tout ou partie des services prévus à l'article précédent, créent, au profit de telle ou telle catégorie de leurs membres et au détriment des autres, des avantages particuliers. Les sociétés de secours mutuels sont tenues de garantir à tous leurs membres participants les mêmes avantages, sans autre distinction que celle qui résulte des cotisations fournies et des risques apportés.

Art. 3. — Les sociétés de secours mutuels peuvent se composer de membres participants et de membres honoraires; les membres honoraires payent la cotisation fixée ou font des dons à l'association sans prendre part aux bénéfices attribués aux membres participants; mais les statuts peuvent contenir des dispositions spéciales pour faciliter leur admission, au titre de membres participants, à la suite de revers de fortune.

Les femmes peuvent faire partie des sociétés et en créer; les femmes mariées exercent ce droit sans l'assistance de leur mari; les mineurs peuvent faire partie de ces sociétés sans l'intervention de leur représentant légal.

L'administration et la direction des sociétés de secours mutuels ne peuvent être confiées qu'à des Français majeurs de l'un ou de l'autre sexe, non déchus de leurs droits civils ou civiques, sous réserve, pour les femmes mariées, des autorisations de droit commun.

Les sociétés de secours mutuels constituées entre étrangers ne peuvent exister qu'en vertu d'un arrêté ministériel toujours révocable. Par exception, elles peuvent choisir leurs administrateurs parmi leurs membres.

Les membres du conseil d'administration et du bureau des sociétés de secours mutuels seront nommés par le vote au bulletin secret.

Les administrateurs et directeurs ne pourront être choisis que parmi les membres participants et honoraires de la société.

Art. 4. — Un mois avant le fonctionnement d'une société de secours mutuels, ses fondateurs devront déposer en double exemplaire : 1° les statuts de ladite association; 2° la liste des noms et adresses de toutes les personnes qui, sous un titre quelconque, seront chargées à l'origine de l'administration ou de la direction.

Le dépôt a lieu, contre récépissé, à la sous-préfecture de l'arrondissement où la société a son siège social, ou à la préfecture du département.

Le maire de la commune en est informé immédiatement par les soins du préfet ou du sous-préfet.

Un extrait des statuts sera inséré dans le recueil des actes de la préfecture.

Tout changement dans les statuts ou dans la direction sera notifié et publié selon les formes indiquées ci-dessus.

Art. 5. — Les statuts déterminent :

1° Le siège social, qui ne peut être situé ailleurs qu'en territoire français ;

2° Les conditions et les modes d'administration et d'exclusion, tant des membres participants que des membres honoraires ;

3° La composition du bureau et du conseil d'administration, le mode d'élection de leurs membres, la nature et la durée de leurs pouvoirs ; les conditions du vote à l'assemblée générale et du droit pour les sociétaires de s'y faire représenter ;

4° Les obligations et les avantages des membres participants ;

5° Le montant et l'emploi des cotisations des membres, soit honoraires, soit participants, les modes de placement et de retrait des fonds ;

6° Les conditions de la dissolution volontaire de la société ;

7° Les bases de la liquidation à intervenir si la dissolution a lieu ;

8° Le mode de conservation des documents intéressant la société ;

9° Le mode de constitution des retraites pour lesquelles il n'a pas été pris d'engagement ferme et dont l'importance est subordonnée aux ressources de la société ;

10° L'organisation des retraites garanties, et spécialement la fixation de leur quotité et de l'âge de l'entrée en jouissance ;

11° Les prélèvements à opérer sur les cotisations pour le

service spécial des retraites, lorsque, conformément à la
clause précédente, les cotisations des membres honoraires
ou participants devront être affectées pour partie à la constitution de retraites garanties, que ce soit au moyen d'un fonds
commun ou de livrets individuels ouverts au nom des
sociétaires.

ART. 6. — Lorsque l'assemblée générale sera convoquée, les
pouvoirs dont les sociétaires seront porteurs, si les statuts
autorisent le vote par procuration, pourront être donnés
sous seing privé et seront affranchis de tous droits de timbre
et d'enregistrement ; ils seront déposés au siège social.

Les contestations sur la validité des opérations électorales
sont portées, dans le délai de quinze jours à dater de
l'élection, devant le juge de paix du siège de la société. Elles
sont introduites par simple déclaration au greffe.

Le juge de paix statue, dans les quinze jours de cette
déclaration, sans frais ni forme de procédure et sur simple
avertissement donné trois jours à l'avance à toutes les parties
intéressées.

La décision du juge de paix est en dernier ressort, mais
elle peut être déférée à la Cour de cassation. Le pourvoi
n'est recevable que s'il est formé dans les dix jours de la
notification de la décision. Il est formé par simple requête
déposée au greffe de la Justice de paix et dénoncée aux
défendeurs dans les dix jours qui suivent. Il est dispensé du
ministère d'un avocat à la Cour et jugé d'urgence sans frais
ni amende.

Les pièces et mémoires fournis par les parties sont trans-
mis sans frais par le greffier de la Cour de cassation. La
chambre civile de cette Cour statue directement sur le
pourvoi.

Tous les actes sont dispensés du timbre et enregistrés
gratis.

ART. 7. — Dans les trois premiers mois de chaque année,
les sociétés de secours mutuels doivent adresser, par l'intermédiaire des préfets, au Ministre de l'Intérieur, et dans les
formes qui seront déterminées par lui, la statistique de leur
effectif, du nombre et de la nature des cas de maladie de

leurs membres, telle qu'elle est prescrite par la loi du 3o novembre 1892.

Art. 8. — Il peut être établi entre les sociétés de secours mutuels, en conservant d'ailleurs à chacune d'elle son autonomie, des unions ayant pour objet, notamment :

a) L'organisation, en faveur des membres participants, des soins et secours énumérés dans l'article premier, notamment la création de pharmacies, dans les conditions déterminées par les lois spéciales sur la matière ;

b) L'admission des membres participants qui ont changé de résidence ;

c) Le règlement de leurs pensions viagères de retraite ;

d) L'organisation d'assurances mutuelles pour les risques divers auxquels les sociétés se sont engagées à pourvoir, notamment la création de caisses de retraites et d'assurances communes à plusieurs sociétés pour les opérations à long terme et les maladies de longue durée ;

e) Le service des placements gratuits.

Art. 9. — Les sociétés de secours mutuels sont admises à contracter des assurances, soit en cas de décès, soit en cas d'accidents, aux caisses d'assurances instituées par la loi du 11 juillet 1868, en se conformant aux prescriptions des articles 7 et 15 de ladite loi.

Ces assurances peuvent se cumuler avec les assurances individuelles.

Art. 10. — Les infractions aux dispositions de la présente loi seront poursuivies contre les administrateurs ou les directeurs et punies d'une amende de 1 à 15 fr. inclusivement.

Si une société est détournée de son but de société de secours mutuels, et si, trois mois après un avertissement donné par arrêté du préfet du département, cette société persiste à ne pas se conformer aux prescriptions de la présente loi ou aux dispositions de ses statuts, la dissolution pourra en être prononcée par le tribunal civil de l'arrondissement.

Le ministère public introduira l'action en dissolution par un mémoire présenté au président du tribunal, énonçant les faits et accompagné des pièces justificatives; ce mémoire sera notifié au président de la société avec assignation à jour fixe.

Le tribunal jugera en audience publique, sur les réquisitions du procureur de la République, le président de la société entendu ou régulièrement appelé.

Le jugement sera susceptible d'appel.

L'assistance de l'avoué ne sera obligatoire ni en première instance ni en appel.

En cas de fausse déclaration faite de mauvaise foi ou de toutes autres manœuvres tendant à dissimuler, sous le nom de sociétés de secours mutuels, des associations ayant un autre objet, les juges de répression auront la faculté de prononcer la dissolution à la requête du ministère public. Les administrateurs et directeurs seront passibles d'une amende de 16 à 500 francs.

ART. 11. — La dissolution volontaire d'une société de secours mutuels ne peut être prononcée que dans une assemblée convoquée à cet effet par un avis indiquant l'objet de la réunion et à la condition de réunir à la fois une majorité des deux tiers des membres présents et la majorité des membres inscrits.

En cas de dissolution par les tribunaux, le jugement désigne un administrateur chargé de procéder à la liquidation définitive.

Aucun encaissement de cotisations autres que celles échues au jour de la liquidation ne peut plus être effectué.

Communication sera faite à l'administrateur des livres, registres, procès-verbaux et pièces de toute nature : la communication aura lieu sans déplacement, sauf le cas où le tribunal en aurait ordonné autrement.

La liquidation s'opèrera conformément aux statuts; elle sera homologuée sans frais par le tribunal, à la diligence du procureur de la République.

ART. 12. — Les secours, pensions, contrats d'assurances, livrets, et généralement toutes sommes et tous titres à remettre par les sociétés de secours mutuels à leurs membres participants, sont incessibles et insaisissables jusqu'à concurrence de 36o francs par an pour les rentes et de 3,ooo francs pour les capitaux assurés.

ART. 13. — Les sociétés de secours mutuels ayant satisfait aux prescriptions des articles précédents ont le droit d'ester en justice, tant en demandant qu'en défendant, par le président ou par le délégué ayant mandat spécial à cet effet, et peuvent obtenir l'assistance judiciaire aux conditions imposées par la loi du 22 janvier 1851.

ART. 14. — Les sociétés de secours mutuels se divisent en trois catégories :

1° Les sociétés libres;

2° Les sociétés approuvées;

3° Les sociétés reconnues comme établissements d'utilité publique.

TITRE II

DES SOCIÉTÉS LIBRES.

ART. 15. — Les sociétés libres et unions de sociétés libres peuvent recevoir et employer les sommes provenant des cotisations des membres honoraires et participants, et généralement faire des actes de simple administration; elles peuvent posséder des objets mobiliers, prendre des immeubles à bail pour l'installation de leurs divers services.

Elles peuvent, avec l'autorisation du préfet, recevoir des dons et legs mobiliers.

Toutefois, si la libéralité est faite à une société dont la circonscription comprend des communes situées dans des départements différents, il est statué par un décret. S'il y a réclamation des héritiers du testateur, il est statué par un décret du Président de la République, le Conseil d'Etat entendu.

Lorsque l'emploi des dons et legs n'est pas déterminé par le donateur ou testateur, cet emploi sera prescrit par l'arrêté ou le décret d'autorisation, en exécution de l'article 4 de l'ordonnance du 2 avril 1817.

Les sociétés libres ne peuvent acquérir des immeubles, sous quelque forme que ce soit, à peine de nullité, sauf les immeubles exclusivement affectés à leurs services. Elles ne peuvent, à peine de nullité, recevoir des dons ou legs immobiliers qu'à la charge de les aliéner et d'obtenir l'autorisation mentionnée au § 3 ci-dessus. La nullité sera prononcée en justice, soit sur la demande des parties intéressées, soit d'office, sur les réquisitions du ministère public.

TITRE III

DES SOCIÉTÉS APPROUVÉES.

ART. 16. — Les sociétés de secours mutuels et les unions de sociétés prévues à l'article 8, qui auront fait approuver leurs statuts par arrêté ministériel, auront tous les droits accordés aux sociétés libres et unions de sociétés libres et jouiront des avantages concédés par les articles suivants.

L'approbation ne peut être refusée que dans les deux cas suivants :

1° Pour non conformité des statuts avec les dispositions de la loi ;

2° Si les statuts ne prévoient pas des recettes proportionnées aux dépenses, pour la constitution des retraites garanties ou des assurances en cas de vie, de décès ou d'accident.

L'approbation ou le refus d'approbation doit avoir lieu dans le délai de trois mois. Le refus d'approbation doit être motivé par une infraction aux lois et notamment aux dispositions du § 4 du présent article.

En cas de refus d'approbation, un recours peut être formé devant le conseil d'Etat. Ce recours sera dispensé de tout droit ; il pourra être formé sans ministère d'avocat.

Tout changement dans les statuts d'une société approuvée doit être l'objet d'une nouvelle demande d'approbation, et aucune modification statutaire ne peut être mise à exécution si elle n'a pas été préalablement approuvée.

Il sera procédé pour les changements dans les statuts, comme en matière de statuts primitifs, pour tout ce qui concerne les dépôts, les délais et les recours.

ART. 17. — Les sociétés de secours mutuels approuvées

pourront, sous réserve de l'autorisation du Conseil d'Etat, recevoir des dons et legs immobiliers.

Les immeubles compris dans un acte de donation ou dans une disposition testamentaire, que les sociétés n'auront pas été autorisées à conserver, seront aliénés dans les délais et la forme prescrits par le décret qui en autorise l'acceptation; le délai pourra, en cas de nécessité, être prorogé.

Les sociétés de secours mutuels et les unions approuvées prévues à l'article 8 peuvent être autorisées, par décret rendu en Conseil d'Etat, à acquérir les immeubles nécessaires, soit à leurs services d'administration, soit à leur service d'hospitalisation.

Art. 18. — Les communes sont tenues de fournir aux sociétés approuvées qui le demandent les locaux nécessaires à leurs réunions, ainsi que les livrets et registres nécessaires à l'administration et à la comptabilité. En cas d'insuffisance des ressources des communes, cette dépense est mise à la charge des départements. Dans le cas où la société s'étend sur plusieurs communes ou sur plusieurs départements, cette obligation incombe d'abord à la commune dans laquelle est établi le siège social, ensuite au département auquel appartient cette commune.

Dans les villes où il existe une taxe municipale sur les convois, il est accordé aux sociétés approuvées remise des deux tiers des droits sur les convois dont elles peuvent avoir à supporter les frais, aux termes de leurs statuts.

Art. 19. — Tous les actes intéressant les sociétés approuvées sont exempts des droits de timbre et d'enregistrement.

Sont également exempts du droit de timbre de quittance les reçus de cotisations des membres honoraires ou participants, les reçus des sommes versées aux pensionnaires, ainsi que les registres à souches qui servent au payement des journées de maladies.

Cette disposition n'est pas applicable aux transmissions de propriété, d'usufruit ou de jouissance de biens meubles et immeubles, soit entre vifs, soit par décès.

Conformément aux articles 19 de la loi du 11 juillet 1868 et 24 de la loi du 20 juillet 1886, les certificats, actes de notoriété et autres pièces exclusivement relatives à l'exécution des lois précitées et de la présente loi seront délivrés gratuitement et exempts des droits de timbre et d'enregistrement.

ART. 20. — Les placements des sociétés de secours mutuels approuvées doivent être effectués en dépôt aux caisses d'épargne, à la caisse des dépôts et consignations, en rentes sur l'Etat, bons du Trésor ou autres valeurs créées ou garanties par l'Etat, en obligations des départements et des communes, du Crédit foncier de France ou des compagnies françaises de chemins de fer qui ont une garantie d'intérêts de l'Etat.

Les sociétés de secours mutuels approuvées pourront, en outre, posséder ou acquérir des immeubles jusqu'à concurrence des trois quarts de leur avoir, les vendre et les échanger.

Pour être valables, ces opérations devront être votées à la majorité des trois quarts des voix par une assemblée générale extraordinaire composée au moins de la moitié des membres de la société présents ou représentés.

Les titres et valeurs au porteur appartenant aux sociétés de secours mutuels approuvées seront déposés à la Caisse des dépôts et consignations, qui sera chargée de l'encaissement des arrérages, coupons et primes de remboursement de ces titres, et en portera le montant au compte de dépôt de chaque société.

ART. 21. — Les sociétés de secours mutuels approuvées sont admises à verser des capitaux à la Caisse des dépôts et consignations :

1° En compte courant disponible;

2° En un compte affecté pour toute la durée de la société à la formation et à l'accroissement d'un fonds commun inaliénable.

Le fonds commun de retraites existant au jour de la promulgation de la loi ne peut être supprimé.

Il peut être placé soit à la caisse des dépôts et consignations, soit en valeurs ou immeubles, conformément aux articles 17 et 20, soit à la caisse des retraites.

Pour l'avenir, les statuts de chaque société déterminent si

elle entend user de cette faculté de constituer un fonds
commun et dans quelles conditions; ils règlent les moyens
de l'alimenter, qu'il s'agisse d'un fonds commun conservé ou
d'un fonds commun à créer. Ils décident, notamment, si la
société devra verser à ce fonds, en totalité ou en partie, les
subventions de l'Etat, les dons et legs, les cotisations des
membres honoraires et les autres ressources disponibles.

Le compte courant et le fonds commun portent intérêt à
un taux égal à celui de la caisse nationale des retraites pour
la vieillesse.

La différence entre le taux fixé par le paragraphe précédent
et le taux de 4 1/2 %, déterminé par le décret-loi du
26 mars 1852 et le décret du 26 avril 1856, sera versée, à
titre de bonification, à chaque société de secours mutuels
approuvée reconnue d'utilité publique, en raison de son avoir
à la Caisse des dépôts et consignations (fonds libres et fonds
de retraites), au moyen d'un crédit inscrit chaque année au
budget du Ministère de l'Intérieur.

Les intérêts qui ne reçoivent pas d'emploi au cours de
l'année sont capitalisés tous les ans.

La Caisse des dépôts et consignations aura la faculté de
faire emploi des fonds versés aux comptes ci-dessus désignés,
dans les mêmes conditions que pour les fonds des caisses
d'épargne.

Art. 22. — Les pensions de retraite peuvent être constituées soit sur le fonds commun, soit sur le livret individuel
qui appartient en toute propriété à son titulaire, à capital
aliéné ou réservé.

Art. 23. — Les pensions de retraites alimentées par le
fonds commun sont constituées à capital réservé au profit de
la société. Elles sont servies directement par la société à
l'aide des intérêts de ce fonds, ou par l'intermédiaire de la
caisse nationale des retraites.

Pour bénéficier de ces pensions, les membres participants
doivent être âgés d'au moins cinquante ans, avoir acquitté la
cotisation sociale pendant quinze ans au moins et remplir
les conditions statuaires fixées pour l'obtention de la pension.

Les sociétés qui constituent sur le fonds commun des pensions de retraites garanties sont tenues de produire, tous les cinq ans au moins, au Ministre de l'Intérieur, la situation de leurs engagements, éventuels ou liquides, et des ressources correspondantes, en se conformant aux modèles qui leur sont fournis par l'administration compétente. Elles devront modifier, s'il y a lieu, leurs statuts d'après les résultats de ces inventaires au moins quinquennaux.

ART. 24. — Les pensions de retraites constituées par le livret individuel, à l'aide de la caisse nationale des retraites ou d'une caisse autonome, sont formées, en conformité des statuts, au moyen de versements effectués par la société au compte de chacun de ses membres participants.

Ces versements proviennent :

1° De la cotisation spéciale que le sociétaire a lui-même acquittée en vue de la retraite, ou de la portion de la cotisation unique prélevée en vue de ce service ;

2° De tout ou partie des arrérages annuels du fonds commun inaliénable, s'il en existe un ;

3° Des autres ressources dont les statuts autorisent l'emploi en capital au profit des livrets individuels.

Les versements effectués par la société sur le livret individuel le sont à capital aliéné ou à capital réservé, au profit de la société, suivant que les statuts en auront décidé.

Quant aux versements qui proviennent des cotisations du membre participant, ils peuvent être, au choix de ce membre, faits à capital aliéné ou à capital réservé au profit de ses ayants-droit.

Pour la liquidation des pensions de retraites constituées à capital aliéné et à jouissance immédiate par les sociétés de secours mutuels, les tarifs à la caisse nationale des retraites seront calculés jusqu'à quatre-vingts ans.

ART. 25. — En dehors des retraites garanties ou non garanties, constituées, soit à l'aide des fonds communs, soit au moyen du livret individuel, dans les conditions prévues aux articles 23 et 24, les sociétés peuvent accorder à leurs membres des allocations, non pas viagères, mais annuelles, prises sur les ressources disponibles. Le montant en sera fixé chaque année par l'assemblée générale. Les titulaires sont désignés par elle, parmi les membres âgés de plus de cinquante ans et ayant acquitté la cotisation sociale au moins pendant quinze ans.

Les statuts déterminent les autres conditions que doivent remplir les bénéficiaires.

Le service de ces allocations annuelles s'effectue à l'aide des arrérages du fonds commun inaliénable ou des autres ressources disponibles.

Une indemnité pécuniaire, fixée également chaque année en assemblée générale et prélevée sur les fonds de réserve, peut être allouée aux membres participants devenus infirmes ou incurables avant l'âge fixé par les statuts pour être admissibles à la pension viagère de retraite.

Art. 26. — A partir de la promulgation de la présente loi, les arrérages des dotations et les subventions annuellement inscrites au budget du Ministère de l'Intérieur au profit des sociétés de secours mutuels seront employés à accorder à ces sociétés des allocations : 1º pour encourager la formation des pensions de retraites à l'aide du fonds commun ou du livret individuel; 2º pour bonifier les pensions liquidées à partir du 1er janvier 1895 et dont le montant, y compris la subvention de l'Etat, ne sera pas supérieur à 360 francs; 3º pour donner, en raison du nombre de leurs membres, des subventions aux sociétés qui ne constituent pas des retraites.

Pour chacune de ces affectations, la répartition du crédit aura lieu dans les proportions et suivant les barèmes arrêtés par le Ministre de l'Intérieur, après avis du Conseil supérieur.

Il sera, préalablement à toute répartition, opéré chaque année, sur les dotations et subventions, un prélèvement déterminé par le Conseil supérieur, qui ne pourra dépasser 5 %, de l'actif total, pour venir en aide aux sociétés de secours mutuels qui, par suite d'épidémies ou de toute autre cause de force majeure, seraient momentanément hors d'état de remplir leurs engagements.

Les subventions de l'Etat, en vue de la retraite par livret individuel, profiteront aux étrangers, lorsque leur pays d'origine aura garanti par un traité des avantages équivalents à nos nationaux.

Les pensions allouées sur le fonds commun ne pourront être servies aux étrangers que dans le cas où ils résideront en territoire français.

Art. 27. — Un règlement d'administration publique détermine les conditions et les garanties à exiger pour l'organisation des caisses autonomes que les sociétés ou les unions pourront constituer, soit pour servir des pensions de retraites, soit pour réaliser l'assurance en cas de vie, de décès ou d'accident et d'une manière générale, toutes les mesures d'application destinées à assurer l'exécution de la loi.

Les fonds versés dans ces caisses devront être employés en rentes sur l'Etat, en valeurs du Trésor ou garanties par le Trésor, en obligations départementales ou en valeurs énumérées au § 1er de l'article 20.

La gestion de ces caisses sera soumise à la vérification de l'inspection des finances et au contrôle du receveur particulier de l'arrondissement du siège de la caisse.

La Caisse des dépôts et consignations est tenue d'envoyer, dans le courant du premier trimestre de chaque année, aux présidents des sociétés de secours mutuels ayant constitué des pensions de retraites en faveur de leurs membres participants, la liste des retraités qui, dans l'année précédente, n'auront pas touché leurs arrérages.

Art. 28. — Les sociétés de secours mutuels qui accordent à leurs membres ou à quelques-uns seulement des indemnités moyennes ou supérieures à 5 francs par jour, des allocations annuelles ou des pensions supérieures à 360 francs et des capitaux en cas de vie ou de décès supérieurs à 3,000 francs, ne participent pas aux subventions de l'Etat et ne bénéficient ni du taux spécial d'intérêt fixé par les décrets des 26 mars 1852, 29 avril 1856, ni des avantages accordés par la présente loi sous forme de remise de droits d'enregistrement et de frais de justice.

Les sociétaires qui s'affilieront à plusieurs sociétés en vue de se constituer une pension supérieure à 360 francs ou des capitaux en cas de vie ou de décès supérieurs à 3,000 francs, seront exclus des sociétés de secours mutuels dont ils font partie, sous peine, pour la société, de perdre les avantages concédés par la présente loi.

Art. 29. — Dans les trois premiers mois de chaque année, les sociétés de secours mutuels approuvées doivent adresser au Ministre de l'Intérieur, par l'intermédiaire des préfets et dans les formes prescrites, indépendamment de la statistique exigée par l'article 8, le compte rendu de leur situation morale et financière.

Elles sont tenues de communiquer leurs livres, registres, procès-verbaux et pièces comptables de toute nature aux préfets, sous-préfets ou à leurs délégués. Cette communication a lieu sans déplacement, sauf le cas où il en serait autrement ordonné par arrêté du préfet.

Les infractions aux prescriptions du § 2 du présent article seront punies d'une amende de 16 à 500 francs.

Art. 30. — Dans le cas d'inexécution des statuts ou de violation des dispositions de la présente loi, l'approbation peut être retirée par un décret rendu en Conseil d'Etat sur la proposition motivée du Ministre de l'Intérieur et après avis du Conseil supérieur des sociétés de secours mutuels, lequel sera convoqué dans le plus bref délai.

La décision portant retrait d'approbation sera susceptible d'un recours au contentieux devant le Conseil d'Etat, sans ministère d'avocat et avec dispense de tous droits.

Art. 31. — Lorsque la dissolution d'une société approuvée est votée par l'assemblée générale conformément aux statuts, ou ordonnée par le Tribunal, la liquidation est poursuivie sous la surveillance du préfet ou de son délégué.

Il est prélevé sur l'actif social, y compris le fonds commun inaliénable de retraites déposé à la Caisse des dépôts et consignations et dans l'ordre suivant :

1° Le montant des engagements contractés vis-à-vis des tiers ;

2° Les sommes nécessaires pour remplir les engagements contractés vis-à-vis des membres participants, notamment en ce qui concerne les pensions viagères et les assurances en cas de décès, de vie ou d'accident ;

3° *a*) Une somme égale au montant des subventions et secours accordés depuis l'origine de la société par l'Etat, à titre inaliénable, sur les fonds de la dotation ou autres, pour être, ladite somme, versée au compte de la dotation des sociétés de secours mutuels;

b) Des sommes égales au montant des subventions et secours accordés depuis l'origine de la société par les départements et les communes, à titre inaliénable, pour être, les dites sommes, réintégrées dans leurs caisses;

c) Des sommes égales au montant des dons et legs faits à titre inaliénable, pour être employées conformément aux volontés des donateurs et testateurs, s'ils ont prévu le cas de liquidation, ou, si leur volonté n'a pas été exprimée, pour être ajoutées au compte de dotation de sociétés de secours mutuels.

Si, après le payement des engagements contractés vis-à-vis des tiers et des sociétaires, il ne reste pas de fonds suffisants pour le plein des prélèvements prévus au § 3 ci-dessus, ces prélèvements auront lieu au marc le franc des versements faits respectivement par l'Etat, les départements, les communes, les particuliers.

Le surplus de l'actif social sera, s'il y a lieu, réparti entre les membres participants appartenant à la société au jour de la dissolution et non pourvus d'une pension ou indemnité annuelle, au prorata des versements opérés par chacun d'eux depuis leur entrée dans la société, sans qu'ils puissent recevoir une somme supérieure à leur contribution personnelle. Le reliquat sera attribué au fonds de dotation.

TITRE IV

DES SOCIÉTÉS RECONNUES COMME ÉTABLISSEMENTS D'UTILITÉ PUBLIQUE.

Art. 32. — Les sociétés de secours mutuels et les unions sont reconnues comme établissements d'utilité publique par décret rendu dans la forme des règlements d'administration publique.

La demande est adressée au préfet avec les pièces suivantes : la liste nominative des personnes qui y ont adhéré et trois exemplaires des projets de statuts et du règlement intérieur.

ART. 33. — Les sociétés reconnues comme établissements d'utilité publique jouissent des avantages accordés aux sociétés approuvées. Elles peuvent, en outre, posséder et acquérir, vendre et échanger des immeubles, dans les conditions déterminées par le décret déclarant l'utilité publique.

Elles sont soumises aux obligations de l'article 11 qui précède.

TITRE V

CONSEIL SUPÉRIEUR. — RAPPORTS ANNUELS, TABLES STATISTIQUES

ART. 34. — Il est institué près le Ministère de l'intérieur un conseil supérieur de sociétés de secours mutuels. Ce conseil est composé de trente-six membres, savoir :

Deux sénateurs élus par leurs collègues ;
Deux députés élus par leurs collègues ;
Deux conseillers d'Etat élus par leurs collègues ;
Un délégué du Ministre de l'Intérieur ;
Un délégué du Ministre de l'Agriculture ;
Un délégué du Ministre du Commerce ;
Un membre de l'Académie des sciences morales et politiques, désigné par l'Académie.
Un membre du Conseil supérieur du travail, nommé par ses collègues ;
Deux membres agrégés de l'Institut des actuaires français désignés par le Ministre de l'Intérieur ;
Le directeur général de la comptabilité au Ministére des finances ;
Le directeur du mouvement général des fonds au même Ministère ;
Le directeur général de la caisse des dépôts et consignations ;
Un membre de l'Académie de médecine, désigné par l'Académie, et un représentant des syndicats médicaux élu par les

délégués de ces syndicats dans les formes qui seront déterminées par un règlement d'administration publique;

Dix-huit représentants de sociétés de secours mutuels, dont six appartenant aux sociétés libres, élus par les délégués des sociétés dans des formes qui seront déterminées par un règlement d'administration publique.

Chaque représentant des sociétés approuvées sera élu par un collège comprenant un certain nombre de départements.

Cette division sera faite par le règlement d'administration publique à intervenir, de telle sorte que chaque collège comprenne un nombre à peu près égal de mutualistes.

Tous les membres sont nommés pour quatre ans; leurs pouvoirs sont renouvelables; leurs fonctions sont gratuites.

Le ministre de l'Intérieur est président de droit du Conseil supérieur des sociétés de secours mutuels.

Le conseil choisit parmi ses membres ses deux vice-présidents et son secrétaire. Il est convoqué par le ministre compétent au moins une fois tous les six mois et toutes les fois que cela lui paraîtra nécessaire.

Il reçoit communication des états statistiques et des comptes-rendus de la situation financière fournis par les sociétés de secours mutuels, ainsi que des inventaires au moins quinquennaux et des autres documents fournis par les sociétés de secours mutuels, en exécution des articles 8, 23 et 29 ci-dessus.

Il donne son avis sur toutes les dispositions règlementaires ou autres qui concernent le fonctionnement des sociétés de secours mutuels et notamment sur le mode de répartition des subventions et secours qui seront attribués sur les mêmes bases et dans les mêmes proportions pour les retraites constituées soit à l'aide du fonds commun, soit à l'aide de livrets individuels.

Art. 35. — Sept membres nommés par le ministre, dont quatre pris parmi ceux qui procèdent de l'élection, constituent une section permanente.

La section permanente a pour fonction de donner son avis sur toutes les questions qui lui sont renvoyées soit par le conseil supérieur, soit par le ministre.

Le Ministre de l'Intérieur soumet chaque année au Président de la République un rapport qui est présenté au Sénat et à la Chambre des députés, sur les opérations des sociétés de secours mutuels et sur les travaux du conseil supérieur.

Art. 36. — Dans un délai de deux ans, après la promulgation de la présente loi, les Ministres de l'Intérieur et du Commerce feront établir des tables de mortalité et de morbidité applicables aux sociétés de secours mutuels.

Art. 37. — Les sociétés de secours mutuels antérieurement autorisées ou approuvées sont tenues, dans le délai de deux ans, de se conformer aux prescriptions de la présente loi. Jusqu'à l'expiration de ce délai, elles continueront à s'administrer conformément à leurs statuts.

Les sociétés approuvées, qui ne solliciteront pas, dans ce délai, ou n'obtiendront pas l'approbation de leurs statuts, devront placer leurs fonds communs en valeurs nominatives, conformément à l'article 20 ci-dessus, et déposer leurs titres à la Caisse des dépôts et consignations. L'inexécution de ces dispositions entraînera l'application des articles 10 et 30 de la présente loi.

Toutefois, les sociétés qui assurent leurs membres exclusivement contre la maladie sont dispensées de solliciter de nouveau cette approbation.

Le Ministre de l'Intérieur, après avis du conseil supérieur, prévu à l'article 34, déterminera dans quelle mesure il pourra être fait exception, pour le passé, aux prescriptions de l'article 2, en faveur des sociétés de secours mutuels qui, établies en vue de l'assurance contre la maladie, auront accordé certains avantages à ceux de leurs membres entrés dans la société à un âge relativement avancé et n'ayant pu arriver à la liquidation de leur pension en satisfaisant aux conditions normales de stage.

Art. 38. — Les articles 13, 18, 19 et 21 de la présente loi, à l'exception, pour ce dernier, de ce qui concerne le fonds commun, s'appliquent aux sociétés régulièrement constituées, en conformité du titre III de la loi du 29 juin 1894, dont l'article 20 est abrogé.

Art. 39. — Le décret-loi du 27 mars 1858 est ainsi modifié :

« Les personnes auxquelles le gouvernement de la République aura accordé des médailles d'honneur en leur qualité de membre d'une société de secours mutuels, libre ou approuvée, pourront porter publiquement ces récompenses. »

Art. 40. — Les syndicats professionnels constitués légalement aux termes de la loi du 21 mars 1884, qui ont prévu dans leurs statuts les secours mutuels entre leurs membres adhérents, bénéficieront des avantages de la présente loi, à la condition de se conformer à ses prescriptions.

Art. 41. — Toutes les dispositions contraires à la présente loi sont abrogées.

La présente loi, délibérée et adoptée par le Sénat et par la Chambre des députés, sera exécutée comme loi de l'Etat.

Fait à Paris, le 1ᵉʳ avril 1898.

FÉLIX FAURE.

Par le Président de la République :

Le Ministre de l'Intérieur,

LOUIS BARTHOU.

ERRATA.

Page 4. — Au lieu de loi du 13 juin 1850, lire *loi du 15 juillet 1850*.

Page 4. — Dans la nomenclature des lois concernant les Sociétés mutualistes, il y a lieu d'*ajouter la loi du 20 juillet 1895*. Aux termes de l'article 20 de cette loi, les trois cinquièmes des fonds déposés aux Caisses d'épargne et qui sont atteints chaque année par la prescription trentenaire sont attribués aux Sociétés de Secours mutuels approuvées possédant un fonds de retraites à la Caisse des Dépôts et Consignations.

Page 30. — Après cinquante centimes par membre participant, il faut ajouter : *et cinquante centimes par membre âgé de cinquante-cinq ans.*

Page 46. — Au lieu d'octobre 1899, lire *octobre 1900.*

TABLE DES MATIÈRES.

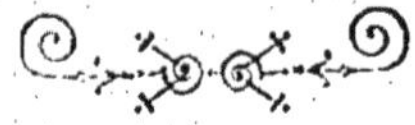

Sarlat. — Imprimerie MICHELET, rue de la Charité.

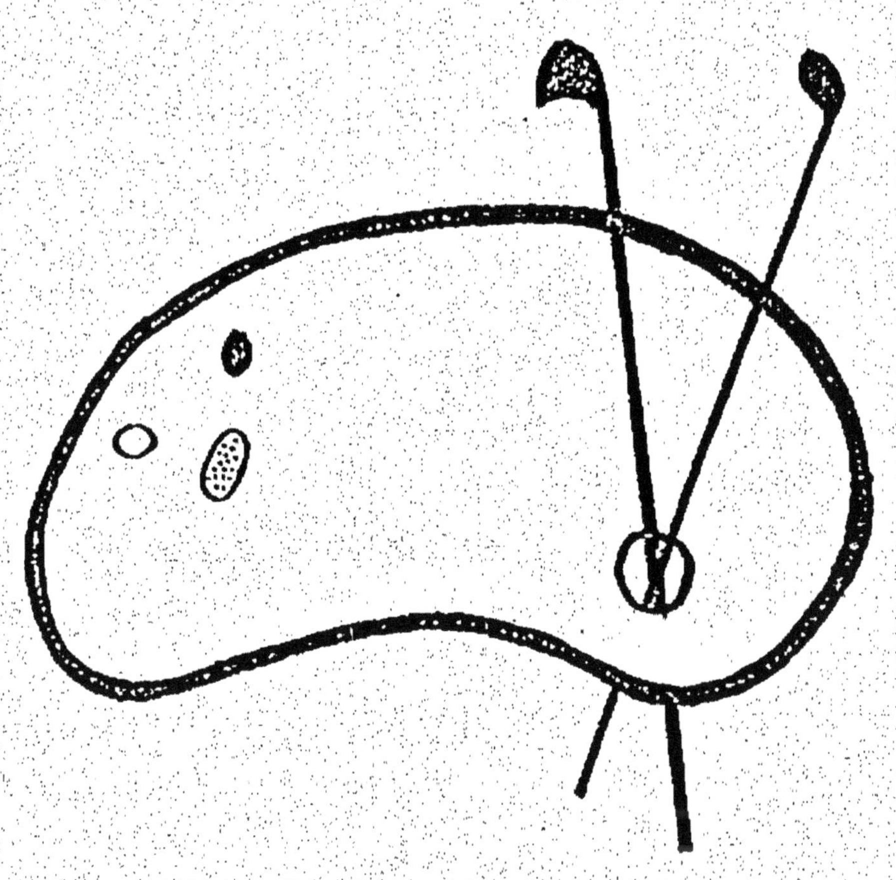

ORIGINAL EN COULEUR
NF Z 43-120-8